全国中等职业教育物流专业课程改革规划教材

仓储作业

——在库管理

主　编　王彩娥

副主编　解凌竣

中国财富出版社

图书在版编目（CIP）数据

仓储作业．在库管理/王彩娥主编．—北京：中国财富出版社，2013.7
（全国中等职业教育物流专业课程改革规划教材）
ISBN 978 - 7 - 5047 - 4731 - 0

Ⅰ.①仓…　Ⅱ.①王…　Ⅲ.①仓库管理—中等专业学校—教材　Ⅳ.①F253.4

中国版本图书馆 CIP 数据核字（2013）第 133104 号

策划编辑　马　军		责任印制　何崇杭	
责任编辑　邢有涛　葛晓雯		责任校对　饶莉莉	

出版发行　中国财富出版社（原中国物资出版社）
社　　址　北京市丰台区南四环西路 188 号 5 区 20 楼　　邮政编码　100070
电　　话　010 - 52227568（发行部）　　　010 - 52227588 转 307（总编室）
　　　　　010 - 68589540（读者服务部）　010 - 52227588 转 305（质检部）
网　　址　http：//www.cfpress.com.cn
经　　销　新华书店
印　　刷　中国农业出版社印刷厂
书　　号　ISBN 978 - 7 - 5047 - 4731 - 0/F · 1974
开　　本　787mm×1092mm　1/16　　　　版　　次　2013 年 7 月第 1 版
字　　数　260 千字　　　　　　　　　　　印　　次　2013 年 7 月第 1 次印刷
印　　张　11.25　　　　　　　　　　　　定　　价　24.00 元

版权所有·侵权必究·印装差错·负责调换

出版说明

　　本书是中职中专物流服务与管理专业系列教材之一，目的在于培养学生从事物流企业一线基层岗位所需的综合素质与技能。本书包括走进仓储、在库保管两部分内容，通过典型工作任务操作和训练使学生掌握知识、技能。训练任务设计注重学生的创新能力，强调以学生为主体。通过完成训练任务，学生能够在贴近现实的环境中得到锻炼，能运用计算机及时处理物流信息、数据及操作物流相关设备，提高经营管理能力，成为适应物流一线需要的技能型人才。

　　本书可作为中等职业学校物流服务与管理专业、物流信息管理专业及其他相关专业的教材，也可作为相关人员学习参考用书。

前　言

　　物流服务与管理专业要求学生不仅要熟悉各种物流理论知识，更要掌握物流设备的操作和物流现场的作业流程，对学生的动手实操能力要求非常高。为了使学生通过工学交替、实践教学提高实践能力，在教学过程中将工作过程设计成学习过程，实现工作与学习的结合，达到促进学生就业、为社会提供合格人才的目的，校企共同研讨开发了本套指导教材。

　　本教材的内容围绕模拟仓储企业实际作业流程。在教材任务模块中涵盖先进的物流设备和物流信息技术，力求在教学过程中不但让学生掌握相关的作业流程，更让学生掌握相关设备的操作和维护，从而提高对仓储作业的整体认识，提高仓储作业的操作效率和准确性，使学生入职后能很快适应相关的物流仓储岗位的业务要求，为其职业发展和成为基层管理人才储备知识和提高技能。

　　本教材依据仓储岗位典型职业能力划分，分为仓库选址、仓库布局、仓储信息系统查询与统计、商品储存货位管理、货品堆码与苫垫、货物保管与养护、商品盘点7个典型的工作任务。在该基础上，按照仓储型物流企业中的货物在库保管的实际业务流程进行设计，共分为两个大的项目：走进仓储、在库保管。

　　具体的教学内容与建议课时分配如下：

	教 学 内 容		建 议 课 时
走进仓储	任务一	仓库选址	8
	任务二	仓库布局	8
在库保管	任务一	仓储信息系统查询与统计	12
	任务二	商品储存货位管理	12
	任务三	货品堆码与苫垫	8
	任务四	货物保管与养护	12
	任务五	商品盘点	12
合　计			72

　　本教材由北京市商业学校王彩娥担任主编，解凌竣担任副主编。毕丽丽、汝

知骏、常爽、孙丽凤、李小龙、于寅虎、孙明燕、任义娥等人参与编写工作。

　　本教材在编写过程中，得到了北京市络捷斯特科技有限公司、祥龙物流集团、北京福田物流有限公司、中国财富出版社的大力支持和帮助，同时还参阅、借鉴了许多专家和同行的成果，在此一并表示感谢。

　　由于编者能力、水平和编写时间有限，书中难免有不足之处，敬请广大读者提出宝贵意见和建议，以便进一步修订和完善。

王彩娥

2013 年 5 月

目　　录

项目一　走进仓储：仓库选址布局

任务一　仓库选址

◎知识目标

　　了解仓库选址基本原则

　　熟悉仓库选址一般流程

　　掌握仓库选址的具体方法

◎能力目标

　　能够开展仓库选址调研

　　能够针对仓库选址进行成本核算

　　能够填写简单的仓库选址报告

◎情感、态度、价值观目标

　　培养学生认真的工作习惯

　　培养学生严谨的工作方式

　　培养学生沟通交流能力

　　你毕业后被分配到商都物流公司从事物流仓储管理工作，最近公司要新建一个仓库，现公司有奖向全体员工征集新库房的选址方案，如果为公司提供合理选址方案，公司将

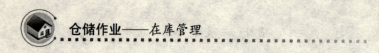

会给提供方案者提升为公司仓储部经理职位，现公司将新库房选址条件公布如下：

公司目前寻找的新仓库要求：

（1）仓库应尽可能靠近交通枢纽、交通干道以及尽可能靠近服务站，以便提高市内货物配送时效，降低配送成本。

（2）具有拓展性，随着公司业务量扩大，仓库可在原址不变的情况下进行面积扩增。

（3）仓库地势必须是高于周边地势，有良好的排水性，以防灾害性气候造成积水、滑坡或泥石流，5 年以内不会拆迁等不可抗力风险。

（4）结合物资存放和搬运特点，仓库必须选择在一楼。

根据公司目前的状况，希望你能为公司选出合理的库房位置。

以下地点的仓库备选地址比较如表 1 - 1 - 1 所示：

表 1 - 1 - 1　　　　　　　　　　仓库备选地址比较

大概选址	面积	总价格	均价	公司到仓库	附近交通	人员问题	备注
星河区科韵中路	1000 平方米（另送 200 平方米空地）	23800 元	23.8 元/平方米	20 分钟路程	附近有中南快速、广园快速、环城高速及内环路，配送市区、郊区等各服务站交通方便	仓库原有人员到此处上班，交通方便	公司开车到仓库 20 分钟，装货后 10:30 左右就可以开始配送
白山区太平附近	1000 平方米	18000 元	18 元/平方米	1 小时路程（容易塞车，估计不止一个小时）	附近只有中南快速，配送增城、新山、市区很不方便	仓库原有人员到此处上班，交通不便	若选择此处，一个月汽车的油费至少增加 2200 元/辆，公司有两到三辆车配送，一个月估计增加成本 6600 元，司机从公司到仓库并装完货估计已到中午，几乎每天从下午 1 点钟后才能开始配送

续　表

大概选址	面积	总价格	均价	公司到仓库	附近交通	人员问题	备注
白山区小井附近	1000平方米	18000元	18元/平方米	1小时路程（容易塞车，估计不止一个小时）	附近只有内环路，配送郊区很不方便	仓库原有人员到此处上班，交通不便	若选择此处，一个月汽车的油费至少增加2000元/辆，公司有两到三辆车配送，一个月估计增加成本6000元，司机从公司到仓库并装完货估计已到中午，几乎每天从下午1点钟后才能开始配送
崇仁区大石镇附近	1000平方米	20000元	20元/平方米	40分钟路程	附近只有中南快速、新光快速，配送增城、市区等不方便	仓库原有人员到此处上班，交通不便	若选择此处，一个月汽车的油费至少增加2500元/辆，公司有两到三辆车配送，一个月至少增加成本7500元

根据以上任务，可得出此任务单如表1-1-2所示。

表1-1-2　　　　　　　　　　　　　　　　任务单

任务名称	为公司新建仓库进行合理选址
任务要求	1. 了解公司仓库新址的条件要求 2. 调查公司仓库备选地址的基本条件 3. 根据仓库选址方法为公司选择合适的仓库新址 4. 选址完成后，为公司填写选址报告
任务成果	1. 分析不同备选地址优缺点 2. 选择出适合公司要求的备选地址 3. 填写完整的《选址报告》

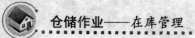

针对本任务，操作准备工作内容如表1-1-3所示。

表1-1-3 准备内容

项目		准备内容
环境准备	设备/道具	计算机、演算纸
	主要涉及岗位角色	仓管员、配送员、仓储部经理
	硬件	虚拟会议室
	涉及单据	《选址报告》
制订计划	步骤一	了解公司库房选址要求
	步骤二	调研公司备选地址基本情况
	步骤三	会议讨论适合公司要求的备选地址
	步骤四	进行成本对比
	步骤五	确定出适合公司的库房地址
	步骤六	完成《选址报告》

　　仓库的选址应综合运用定性分析和定量分析相结合的方法，在全面考虑选址影响因素的基础上，粗选出若干个可选的地点，进一步借助比较法、专家评价法、模糊综合评价等数学方法进行量化比较，最终得出较优的方案。

一、仓库选址的原则

　　仓库的选址过程应同时遵守适应性原则、协调性原则、经济性原则和战略性原则。

1. 适应性原则

　　仓库的选址须与国家以及省市的经济发展方针、政策相适应，与我国物流资源分布和需求分布相适应，与国民经济和社会发展相适应。

2. 协调性原则

　　仓库的选址应将国家的物流网络作为一个大系统来考虑，使仓库的设施设备，在地域分布、物流作业生产力、技术水平等方面互相协调。

3. 经济性原则

仓库发展过程中，有关选址的费用，主要包括建设费用及物流费用（经营费用）两部分。仓库的选址定在市区、近郊区或远郊区，其未来物流活动辅助设施的建设规模及建设费用，以及运费等物流费用是不同的，选址时应以总费用最低作为仓库选址的经济性原则。

4. 战略性原则

仓库的选址，应具有战略眼光。一是要考虑全局，二是要考虑长远。局部要服从全局，目前利益要服从长远利益，既要考虑目前的实际需要，又要考虑日后发展的可能。

二、选址流程

1. 开展前期市场调研

（1）主要居民区及城市交通状况调研

① 通过走访主要居民小区，了解该城市的主要消费群体分布；

② 购买地图，通过实地考查，行走了解该地区的交通状况，在地图上特别标注：货车禁行路段、设收费站的路段。

（2）行业调研

① 调研当地主要的仓储企业分布位置，只要符合条件的全部标出来。

② 调研当地主要的电器厂家中转仓位置分布。

选址人员在地图上用显著标志标注出该城市现有店面位置和未来 3 年即将进入区域的位置；主要仓储企业的分布点、当地主要的电器厂家中转仓的位置、主要消费群体分布点以及上述布点与我公司店面的距离，上报物流管理中心。

2. 搜寻仓库备选址信息

仓库信息的来源

（1）通过上网、地图、报纸、黄页等途径搜寻信息

① 当地国有的仓储基地，如：粮食库、外贸纺织库、棉麻、土产、交家电、邮政、医药库等；

② 专业性的物流仓储企业或第三方物流企业；

③ 当地旧工业厂房情况；

④ 在建的仓库。

（2）连锁发展专员或当地房屋中介提供

① 中介机构提供的门面一定要设法和业主直接取得联系以便下一步的跟进；

② 可拜访当地政府的商管部门或某个区的区政府及街道办事处等，介绍我公司概况及来该地区的投资计划，征询是否有适合我公司的仓库信息；

③ 通过广告媒体发布搜集信息：一般适应于大型的直辖市、省会城市等；

④ 房东主动提供的门面房信息：记录整理客户资料—与客户联系—查看现场并沟通—记录—汇总。

仓库信息的内容

（1）一定要和房东直接取得联系并洽谈；

（2）根据《仓库调研表》的内容了解，尽可能的详细，可分两步走，先了解仓库的地理位置及交通状况，再了解仓库建筑结构等方面的信息；

（3）核实信息的真实性（产权、营业执照、消防等）。

三、搜索仓库的标准

（1）单库面积要求在 1000 平方米以上；

（2）库房为平库或楼库的一层；

（3）要有符合要求的作业场地；

（4）最好是单门独院，与人合租时要求多个仓库必须相连一起。

四、仓库备选址走访

（1）将仓库分为重点库、一般库、备选库三个层次来考虑，分别按城市的东、南、西、北四个方向去寻找；

（2）选址的主要精力应放在重点备选址，兼顾一般备选址；

（3）拟订一个仓库选址走访计划，计划应包括选址人员的分工、走访区域的划分、时间进度的安排，每晚由选址小组负责人对当天的仓库信息进行汇总。

五、仓库备选址筛选

（1）重点跟进仓库：距我公司门店 10 公里内，安全状况、交通状况、面积、房屋结构、作业场地等条件较好、报价适中，有增租余地的仓库；

（2）一般跟进仓库：距我公司门店 10～15 公里，安全状况、交通状况、面积、房屋结构、作业场地等条件一般，报价较高、有增租余地的仓库；

（3）后备仓库：距我公司门店 15～20 公里，安全状况、交通状况、面积、房屋结构、作业场地等条件一般，报价较低的仓库；

（4）放弃的仓库：除以上三种仓库以外的仓库；

（5）在尚未签订正式房屋租赁合同之前，原则上不轻易放弃任何一个可选的仓库，始终要保持和房东方不间断的联系。

六、房屋租赁洽谈

（1）与对方初步接洽，增进双方合作的意向（可携带介绍我公司的有关资料及前期连锁店开业轰动场面报道的信息等）→选址人员；

（2）与对方就房屋的硬件设施的现状、安全、使用、维护管理等事项进行详细的了解和洽谈（消防的验收合格；防盗设施是否齐全；是否提供安全保卫；能否提供租赁发票；仓库的建筑年代及建筑结构；可提供的仓库面积及作业场地；电力的容量；能否提供办公及后勤用房；仓库内部结构的局部改造）→选址负责人；

（3）与对方就仓库租赁价格展开试探性的初步洽谈，要求对方报价→选址负责人；

（4）以会谈、发函、电话或面谈等形式与对方保持经常性的联系和沟通，争取对方在价格及其他租赁事项上能有所让步（发函内容要经选址负责人认可）→选址人员；

（5）再进行一轮深层次的细节谈判，基本确定合同文本的内容→选址人员、物流管理中心；

（6）谈判过程中物流管理中心承担起对物流筹建人员谈判的指导作用。

七、草签合同

（1）将所有已商谈确定的内容按照我公司标准的仓库租赁合同草拟合同文本→选址负责人；

（2）双方对该合同文本提出疑义，进行一轮合同协商，在此基础上达成一致，形成正式的合同文本→选址负责人。

步骤一：了解公司库房选址要求

一、基本原则

根据公司目前的业务特性仓库选址的基本原则：

（1）尽可能靠近终端市场，以便提高市内货物配送时效，降低配送成本。或者以接近目标客户群和核心客户群为佳；

（2）必须具有延展性，遇公司业务量扩大时，仓库可在原址不动的情况下进行面积扩增；

（3）必须与办公场地分离，具独立运作性。

二、交通情况

（1）仓库应尽可能靠近交通枢纽、交通干道；

（2）仓库周边道路通畅，方便机动车辆进入；

（3）仓库所在地点有固定的停车场所，方便机动车辆停靠。

三、周边环境

（1）要求应尽可能选择仓库承租的物业或工业区、物流园区配有 24 小时保安值班；

（2）要求应尽可能选择仓库所在地的周边环境比较单纯，避开外来人口杂居的生活区；

（3）详细掌握当地交通管制情况，明确其是否对仓库车辆进出的影响；

（4）详细了解和掌握仓库所属物业的电力供应情况；

（5）仓库地势必须是高于周边地势，有良好的排水性，以防灾害性气候造成积水、滑坡或泥石流等不可抗力风险。

步骤二：调研公司备选地址基本情况

在此项目任务的操作中，可以按以下步骤考虑：

第一步，确定客户分布及相应业务量。小组成员可以制定相应客户资料及其业务量。可以根据仓储企业服务的对象进行调查，以假设客户的实际物流量作为仓储企业的业务量，可以进行适当假设。

第二步，根据客户分布及业务量确定仓库的大体位置及仓库数量、规模。在当地地区内，大体确定仓储的区域位置及规模。

第三步，仓库具体位置的选址。首先，分析确定仓储选址的具体影响因素。小组可以通过讨论来确定，并给每一因素赋予不同的权重。其次，对具体影响因素进行数量化处理，有些因素要经过相应调查，如交通状况等，有些因素可以进行假设，如客户状况。再次，利用相应选址方法对仓库进行选址。

第四步，总结并制订企业的仓库选址规范。把前面仓库选址的分工、步骤、因素方法及审批权限制度化。

步骤三：会议讨论适合公司要求的备选地址

会议分析阶段要包含以下内容：

1. 需求分析

根据物流产业的发展战略和产业布局，对某一地区的顾客及潜在顾客的分布进行分析。

供应商的分布情况，具体有以下内容：

（1）工厂到仓库的运输量；

（2）向顾客配送的货物数量（客户需求）；

（3）仓库预计最大容量；

（4）运输路线的最大业务量。

2. 费用分析

主要有：工厂到仓库之间的运输费、仓库到顾客之间的配送费、与设施和土地有关的费用及人工费等，如所需车辆数、作业人员数、装卸方式、装卸机械费等，运输费随着距离的变化而变动，而设施费用、土地费是固定的，人工费是根据业务量的大小确定的。以上费用必须综合考虑，进行成本分析。

3. 约束条件分析

（1）地理位置是否合适，应靠近铁路货运站、港口、公路主干道，道路通畅情况，是否符合城市或地区的规划；

（2）是否符合政府的产业布局，有没有法律制度约束；

（3）地价情况。

步骤四：进行成本对比

完成活动的程序，以流程图描述方式为主。

1. 分组，3~5人一组，每组成员以小组为单位讨论完成任务

2. 计算各种方案总价及均价

方案一：总价23800元，均价23.8元/平方米。

方案二：总价18000元，均价18元/平方米。

方案三：总价18000元，均价18元/平方米。

方案四：总价20000元，均价20元/平方米。

3. 确定各种方案成本下的交通便捷度信息

方案一：附近有中南快速、广园快速、环城高速及内环路，配送市区、郊区等各服务站交通方便。

方案二：附近只有中南快速，配送增城、新山、市区很不方便。

方案三：附近只有内环路，配送郊区很不方便。

方案四：附近只有中南快速、新光快速，配送增城、市区等不方便。

4. 比较各种方案的物流成本和交通便捷度

表1-1-4 物流成本和交通便捷度比较

方案	物流成本（元）	交通便捷度
方案一	23800	交通方便
方案二	18000	交通很不方便
方案三	18000	交通很不方便
方案四	20000	交通不方便

步骤五：确定出适合公司的库房地址

如果公司希望以较少的成本，满足客户的需要，那么就选择方案二、方案三；

如果公司希望最快的速度满足所有客户的需要，那么就选择方案一；

如果公司希望在竞争激烈的市场中占有一定的地位，又不想付出太多的成本，那么就选择方案四。

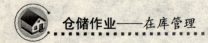

步骤六：完成《选址报告》

表1-1-5　　　　　　　　　　　选址报告

设置人：
拟设仓库机构名称：
选定地址：
建筑面积：

一、选址依据：	二、选址所在地区的环境和公用设施情况：
三、选址方位图：（可手绘，打印或另附图纸）	四、选址说明事项

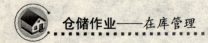

任务评价

表1-1-6　　　　　　　　　　考核评价表

班级		姓名		小组	
任务名称			仓库选址		

考核内容		评价标准			参考分值	考核得分		
		优秀	良好	合格		自评（10%）	互评（30%）	教师评价（60%）
1	活动参与情况	及时按任务要求做，认真分析总结	按时完成任务要求	能够参加任务活动	20			

续　表

考核内容		评价标准			参考分值	考核得分		
		优秀	良好	合格		自评（10%）	互评（30%）	教师评价（60%）
2	技能掌握情况	能够开展仓库选址的调研讨论活动 能够根据成本核算情况确定仓储选址 能够完成仓库选址报告	能够在仓库选址讨论中运用调研数据 能够完成仓库选址调研报告	能够将小组讨论的选址结果编写成选址报告	40			
3	总结归纳相应知识情况	积极参加总结讨论，观点鲜明、新颖、独特	能够参加讨论总结，有自己的观点	有自己的见解；但需要通过总结修正自己的观点	40			
总体评价					总分			

一、仓库的概念

仓库（warehouse）是保管、储存物品的建筑物和场所的总称。

一般是指以库房、货场及其他设施、装置为劳动手段的，对商品、货物、物资进行收进、整理、储存、保管和分发等工作的场所，在工业中则是指储存各种生产所需的原材料、零部件、设备、机具、半成品、产成品的场所。

现代仓库不是"水库"或"蓄水池"而是"河流"，仓储管理已从静态管理转变为动态管理，现代仓库如图 1－1－1 所示。

二、按使用范围分类

1. 自有仓库

它附属于企业、机关和团体，其建设、储存物品的管理以及出入库等业务均处于本单位管理责任范围内。它又可分为供应仓库（储存原材料）、生产仓库（储存半成品）和

图 1-1-1　现代仓库

销售仓库（储存产成品），如图 1-1-2 所示。

图 1-1-2　自有仓库

2. 公用仓库

它是国家或公共团体建设的为公共事业配套服务的仓库，如机场仓库、铁路仓库、港口仓库等，如图 1-1-3 所示。

3. 营业仓库

它是按照仓库业管理条例取得营业许可，保管他人物品的仓库。它是社会化的一种仓库，面向社会，以赢利为目的，与自有仓库相比，营业仓库的使用效率较高，如图 1-1-4所示。

图1-1-3 公用仓库

图1-1-4 营业仓库

4. 保税仓库

它是根据有关法律和进出口贸易的规定取得许可，专门保管暂未纳税的进出口货物的仓库。这类仓库由海关统一进行监督管理，如图1-1-5所示。

三、按保管物品的种类分类

1. 专业仓库

它是用于存放一种或某一大类物品的仓库，如图1-1-6所示。

2. 综合仓库

它是用于存放多种不同属性物品的仓库，如图1-1-7所示。

图1-1-5 保税仓库

图1-1-6 专业仓库

图1-1-7 综合仓库

四、按保管条件分类

1. 普通仓库

它是常温保管、自然通风、无特殊功能的仓库。可用于存放无特殊保管要求的物品，如图 1 - 1 - 8 所示。

图 1 - 1 - 8 普通仓库

2. 冷藏仓库

它是具有良好的隔热性能以保持较低温度的仓库。可专门用来储存冷冻物品，如图 1 - 1 - 9 所示。

图 1 - 1 - 9 冷藏仓库

3. 保温、恒温仓库

它是能调节温度并能保持某一温度或湿度的仓库，如图 1 – 1 – 10 所示。

图 1 – 1 – 10　保温、恒温仓库

4. 特种仓库

它是用于存放易燃、易爆、有毒、有腐蚀性或有辐射性物品的仓库，图 1 – 1 – 11 所示。

图 1 – 1 – 11　特种仓库

5. 气调仓库

它是用于存放要求控制库内氧气和二氧化碳浓度的物品的仓库，图 1 – 1 – 12 所示。

图 1 - 1 - 12　气调仓库

五、按建筑结构分类

1. 平房仓库

单层建筑物，高度不超过 6 米，造价低，适合人工操作，图 1 - 1 - 13 所示。

图 1 - 1 - 13　平房仓库

2. 多层仓库
3. 罐式仓库

图 1-1-14　多层仓库

图 1-1-15　罐式仓库

六、按建筑结构分类

1. 地面仓库

它一般指单层地面库，多使用非货架的保管设备，图 1-1-16 所示。

2. 货架型仓库

它是指采用多层货架保管的仓库，图 1-1-17 所示。

3. 自动化立体仓库

它是由计算机管理控制的机械化、自动化设备来完成作业的仓库，图 1-1-18 所示。

七、仓库选址的概念

仓库选址是指在一个具有若干供应点及若干需求点的经济区域内，选一个地址建立仓库的规划过程。合理的选址方案应该使商品通过仓库的汇集、中转、分发，达到需求点的全过程的效益最好。因为仓库的建筑物及设备投资太大，所以选址时要慎重，如果

图 1-1-16　地面仓库

图 1-1-17　货架型仓库

选址不当，损失不可弥补。

八、选址安全方面因素

（1）备选址首先必须确保安全，要检查门、窗是否牢固、窗户是否过多、是否有防盗网、是否有报警器、监视器、门原则上是铁门，窗户上防盗网要符合防盗要求；

（2）仓库原则上不能是多个分体仓库，要为单体仓库，最好为独门独院；

（3）仓库顶部不能有隔板和天窗，仓库外必须要有环形围墙，且围墙的高度不易攀爬；

图 1 - 1 - 18   自动化立体仓库

（4）仓库不宜选择在存放易燃易爆物品场所的附近（例如加油站、化工厂）；

（5）仓库不宜选择在外来人口稠密及当地治安比较差的地区；

（6）仓库不宜选择在山丘之上和地势低洼地段及河道、沟汊、湖泊、水塘等附近，沿海地区在选择仓库时，应考虑风向的因素，尽量选择在背风地段，仓库外围排水系统符合要求；

（7）必须具备基本的消防设施，如：消防栓、消防水池、灭火器，无消防设施的原则上不租；

（8）库区内及仓库顶须有避雷装置且可靠接地。

九、选址交通状况方面因素

（1）仓库通往门店之间的主干道和主要配送道路不能有收费站，从城市环线进入仓库的道路不可以有禁行或交通限制，道路不能是土路或简单的石子路，沿途电线、桥梁、涵洞的最低高度不得低于 4.5 米；

（2）仓库所在位置不能位于小区、市场等交通易拥堵的地区，距交通主干道小于 300 米，从主干道进入库区的次干道的路面宽度不得低于 8 米；

（3）库区附近出门为主干道，货车能够 24 小时自由出入；

（4）位于库区附近的主干道有公交站点，以保证员工上下班交通便利；

（5）库区内的道路应宽敞、平坦，视配送中心规模大小需提供不低于仓库面积的 40% 米的作业场地，作业场地宽度至少 20 米；

（6）库区内有环形通道，以保证作业高峰时提送货车辆可以循环通行，不发生拥堵。

十、特殊储存品种的仓库选址应注意的事项

（1）果蔬食品仓库在选址时应选择入城干道处，以免运输距离过长，商品损耗过大；

（2）冷藏品仓库应选择在屠宰场、加工厂附近，由于设备噪声较大，所以应选择在城郊；

（3）建筑材料仓库因流通量大，占地多，防火要求严格，有些还有污染，所以应选择在城市周边，交通干线附近；

（4）燃料及易燃材料仓库应选择在城郊独立的地段，在气候干燥、风大的城镇，应选择大风季节的下风位，应远离居民区，最好在地势低洼处。

十一、选址及评价阶段

分析活动结束后，得出综合报告，根据分析结果在本地区内初选几个仓库地址，然后在初选几个地址中进行评价确定一个可行的地址，编写选址报告，报送主管领导审批。

评价方法有以下几种：

1. 量本利分析法

任何选址方案都有一定的固定成本和变动成本，不同的选址方案的成本和收入都会随仓库储量变化而变化。利用量本利分析法，可采用作图或进行计算比较数值进行分析。进行计算比较数值要求计算各方案的盈亏平衡点的储量及各方案总成本相等时的储量。在同一储量点上选择利润最大的方案。

2. 加权评分法

对影响选址的因素进行评分，把每一地址各因素的得分按权重累计，比较各地址的累计得分来判断各地址的优劣。步骤是：确定有关因素；确定每一因素的权重；为每一因素确定统一的数值范围，并确定每一地点各因素的得分；累计各地点每一因素与权重相乘的和，得到各地点的总评分；选择总评分值最大的方案。

3. 重心法

重心法是一种选择中心位置，从而使成本降低的方法。它把成本看成运输距离和运输数量的线性函数。此种方法利用地图确定各点的位置，并将一坐标重叠在地图上确定各点的位置。坐标设定后，计算重心。

选址报告主要有以下内容：

（1）选址概述

扼要叙述选址的依据（需求分析）、原则，制定几个方案，选出一个最优方案。

（2）选址要求及主要指标

应说明为适应仓库作业的特点，完成仓储作业应满足的要求，列出主要指标，如库区占地面积、库区内各种建筑物的总面积、仓库需用人工总数，年仓储量，费用总量（包括拆迁费用）。

（3）仓库位置说明及平面图

说明库区的具体方位，外部环境，并画出区域位置图。

（4）地质、水文、气象情况，交通及通信条件

（5）政府对物流产业的扶持力度

审查通过后，确定选址结果。

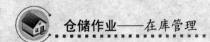

单选题

1. 现代智能仓库由（ ）三大类设施组成。

A. 土建设施、物流设施和电气设施　　B. 土建设施、机械设施和自动设施

C. 土建设施、装卸设施和电气设施　　D. 土建设施、机械设施和电气设施

多选题

2. 仓储调度指挥方法及手段包括（ ）。

A. GPS，储运电视（闭路电视）　　　　B. 通信装置/储运电视（闭路电视）

C. 远距离文件传输设备/电子自动记录系统　D. 通信装置/POS

简答题

3. 请问物流中心选址原则是什么？

1. D

2. B、C

3. 物流中心的选址过程应同时遵守适应性原则、协调性原则、经济性原则和战略性原则。

（1）适应性原则

物流中心的选址须与国家以及省市的经济发展方针、政策相适应，与我国物流资源分布和需求分布相适应，与国民经济和社会发展相适应。

（2）协调性原则

物流中心的选址应将国家的物流网络作为一个大系统来考虑，使物流中心的设施设备，在地域分布、物流作业生产力、技术水平等方面互相协调。

（3）经济性原则

物流中心发展过程中，有关选址的费用，主要包括建设费用及物流费用（经营费用）两部分。物流中心的选址定在市区、近郊区或远郊区，其未来物流活动辅助设施的建设

规模及建设费用，以及运费等物流费用是不同的，选址时应以总费用最低作为物流中心选址的经济性原则。

（4）战略性原则

物流中心的选址，应具有战略眼光。一是要考虑全局，二是要考虑长远。局部要服从全局，目前利益要服从长远利益，既要考虑目前的实际需要，又要考虑日后发展的可能。

任务二　仓库布局

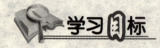

◎知识目标

　　了解仓库基本结构

　　熟悉仓库典型布局

　　掌握货架编码顺序表的制作方法

◎能力目标

　　能够根据货物情况进行仓库布局

　　能够对货架进行分组编号

　　能够使用推演沙盘对仓库布局进行验证

◎情感、态度、价值观目标

　　培养学生团队合作意识

　　培养学生竞争意识

　　培养学生沟通交流能力

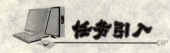

　　速腾物流公司修建了一座新库房，该库房分2层，长50米、宽40米、高8米，地坪承载重量200千克/平方米，库房1楼为托盘货架区，共分A、B、C、D四个区域，2楼为小件拣选区。公司新订制了8排托盘货架，每排货架有3层，每层12列，货位示意如图1-2-1所示，作为本库房的管理人员，请确定货架的布局、并对货位进行编码。

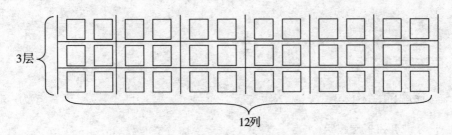

图1-2-1 货位示意图

表1-2-1 任务单

任务名称	完成仓储布局作业
任务要求	1. 根据库房布局作业要求，对库房货架进行布局 2. 根据货位编码原则，对货位进行必要编码 3. 货架编码排列后检查库房布局是否合理 4. 画出库房平面布局图
任务成果	1. 仓储平面布局图 2. 货架编码顺序表 3. 作业体验报告

针对本任务，分析相关内容如表1-2-2所示：

表1-2-2 准备内容

项目		准备内容
环境准备	设备/道具	计算机、布局推演沙盘、数字桌面
	主要涉及岗位角色	仓管员、理货员、收/发货人
	硬件	仓储布局推演沙盘
	涉及单据	布局平面图、编码顺序表
制订计划	步骤一	调查了解库房及货架基本信息
	步骤二	画出库房平面布局图
	步骤三	制作货架编码顺序表
	步骤四	使用推演沙盘进行验证

一、仓库的结构

1. 平房建筑和多层建筑

（1）尽可能采用平房建筑

电梯往往也是产品流转中的一个瓶颈，如图 1 - 2 - 2 所示。

图 1 - 2 - 2　平房仓库

（2）采用多层仓库

要特别重视对上下楼的通道设计，如两层立交斜路，如图 1 - 2 - 3 所示。

2. 仓库出入口和通道

（1）仓库出入口的位置和数量

由"建筑的开建长度、进深长度""库内货物堆码形式""建筑物主体结构""出入库次数""出入库作业流程"以及"仓库职能"等因素所决定的。

（2）出入库口尺寸

由卡车是否出入库内，所用叉车的种类、尺寸、台数、出入库次数，保管货物尺寸大小所决定。

（3）库内的通道

通道应延伸至每一个货位，使每一个货位都可以直接进行作业，通道需要路面平整和平直，减少转弯和交叉。

图1-2-3　多层仓库

3. 立柱间隔

库房内的立柱是出入库作业的障碍，会导致保管效率低下，因而立柱应尽可能减小。当平房仓库梁的长度超过25米可以每隔5~10米设一根。

4. 天花板的高度

使用叉车的时候，标准提升高度3米；而使用多端是高门架的时候要达到6米。

托盘装载货物时，仓库的天花板高度最低应该是5~6米。

5. 地面

地面的构造主要是地面的耐压强度平房普通仓库1平方米地面承载力为2.5~3吨，多层仓库层数加高，地面承受负荷能力减少，二层是2~2.5吨依次减少。

二、仓库布局的设计

1. 仓库结构类型的选择

仓库结构类型的选择，主要根据仓库的功能和任务来确定，主要包括：

（1）仓库的主要功能，是单纯储存还是兼有分拣、流通加工、配送等功能；

（2）储存的对象，储存货物的性质、类型、数量、外形尺寸；

（3）仓库内外环境要求，主要指温、湿度的限制以及消防、安全等要求；

（4）经济能力，投资额的大小，对经营成本的要求等。

2. 仓库设施、设备的配置

根据仓库的功能、存储对象、环境要求等确定主要设施、设备的配置。如表1-2-3所示：

表1-2-3	仓库设施、设备的配置
功能要求	设备配置
存货、取货	货架、叉车、堆垛机械、起重运输机械等
分拣、配货	分拣机、托盘、搬运车、传输机械等
验货、养护	检验仪表、工具、养护设备等
防火、防盗	温度监视器、防火报警器、监视器、防盗报警设备等
流通加工	加工作业机械、工具等
控制、管理	计算机及辅助设备等
配套设施	站台（货台）、轨道、道路、场地等

3. 仓储面积及参数的确定

仓储面积是影响仓库规模和仓储能力的重要因素。仓储面积，包括库区总面积和仓库建筑面积。

（1）仓库建筑面积及各项参数

①仓库建筑系数。是各种仓库建筑物实际占地面积与库区总面积之比。

仓库建筑系数 = 仓库建筑占地面积/库区总面积 × 100%

该参数反映库房及仓库管理的建筑物在库区内排列的疏密程度，反映总占地面积中库房比例高低。

②仓库建筑面积。是仓库建筑结构实际占地面积，用仓库外墙线所围成的平面面积来计量。多层仓库建筑面积是每层的平面面积之和。

其中，除去墙、柱等无法利用的面积之后称有效面积，有效面积从理论上来讲，都是可以利用的面积。但是，可利用的面积中，有一些是无法直接进行储存活动的面积，如楼梯等，除去这一部分面积的剩余面积称使用面积。

③仓库建筑平面系数。是衡量使用面积所占比例的参数。

库房建筑平面系数 = 库房使用面积/库房建筑面积 × 100%

（2）确定仓库面积所要考虑的主要因素包括：

①物资储备量，它决定了所需仓库的规模；

②平均库存量，主要决定所需仓库的面积；

③仓库吞吐量，反映了仓库实际出入库的货物量，与仓库面积成正比关系；

④货物品种数，在货物总量一定的情况下，货物品种数越多，所占货位越多，收发区越大，所需仓库面积也越大；

⑤仓库作业方式，机械化作业必须有相应的作业空间；

⑥仓库经营方式，如实行配送制需要有配货区，进行流通加工需要有作业区等。

（3）其他技术参数

①库房高度利用率。是反映库房空间高度被有效利用程度的指标。

$$库房高度利用率 = 货垛或货架平均高度/库房有效高度 \times 100\%$$

这个参数和库房面积利用率参数所起的作用是一样的，即衡量仓库有效利用程度。仓库中可以采取多种技术措施来提高这一利用程度。

②仓容。仓库中可以存放物资的最大数量。以重量单位（吨）表示。

仓容大小取决于面积大小及单位面积承载货物重量的能力以及货物的安全要求等。

$$仓容（吨） = 仓库使用面积（平方米） \times 单位面积储存定额（吨/平方米）$$

库容反映的是仓库的最大能力，是流通生产力衡度的重要参数。

③仓库有效容积。指仓库有效面积与有效高度之乘积。传统的仓容指标因与库房高度关系不大，因而不能很好地反映库房容积利用情况。随着高平房仓库及立体仓库的出现，面积利用指标已不能完全反映仓库技术经济指标。仓库有效容积则是指描述仓库立体的储存能力和利用情况。

$$仓库有效容积 = 仓库有效面积（平方米） \times 有效平均高度（米）$$

④仓库周转次数。是年入库总量或年出库总量与年平均库存之比，反映仓库动态情况，是生产性仓库和流通性仓库的重要指标，在年入（出）库总量一定情况下，提高周转次数，则可降低静态库存的数量，从而减少仓库有效容积的占用。

$$周转次数 = 进（出）库总量/平均库存$$

4. 确定仓库主体构造

仓库主体构造包括：基础、地坪、框架构成、立柱、墙体、屋盖、楼板、地面、窗、出入口、房檐、通风装置等。

（1）仓库框架。框架是用柱、中间柱等及墙体构成。仓库内有立柱，会影响仓库的容量、装卸作业的方便性，能减少则应尽量减少。

（2）防火问题。仓库主体构造要采用防火结构设计，外墙地板、楼板、门窗必须是防火结构，使用耐火或不燃烧材料，如混凝土、石棉类建材等。

（3）出入口尺寸。主要是由货车是否入库，使用的叉车种类、尺寸、技术参数、台数、出入库频率，保管货物的尺寸大小等因素决定的。

（4）站台（货台）的高度。库外道路平面停放的待装卸货车车厢底板高度尺寸，应与库内地面平齐。这样运输车辆不进入仓库作业，但利用叉车进行搬运作业却十分方便。

5. 仓库附属设施、设备

（1）保管设备

在库内堆放要保管的货物时，通常采用的方法有：地面散堆法、平托盘分层堆码法、框架托盘分层堆放法、货架散放法、托盘在货架放置法等。不同的保管货物的方法需有不同的保管设备。

（2）分拣装置、装卸搬运设备

在许多仓库中有机械化、电子化的货物分拣设置，以及进行机械化作业的各种叉车、专用设备和工具。因此，仓库设计、布置要与分拣装置、装卸搬运设备的配置、安装与作业方法及所需面积等相互协调。

三、仓库的典型布置

1. U 型布置

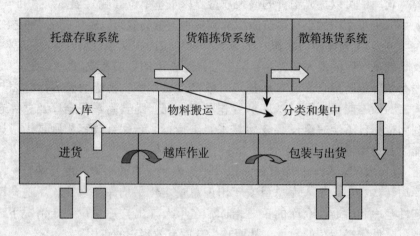

图 1-2-4 U 型布置图

U 型布置特点：物流路线合理，进出口资源可以充分利用，便于越库作业，便于扩展。

2. 直进穿越式布置

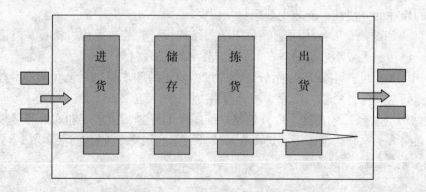

图 1-2-5 直进穿越式布置图

直型布置特点：非常适合纯粹的越库作业，便于解决高峰时同时进出货库作业。

3. 模块化干线布置

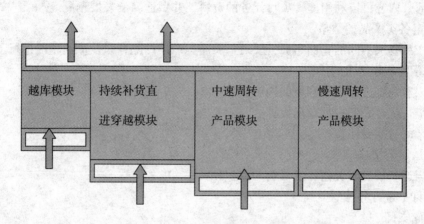

图 1-2-6　模块化干线布置图

模块化干线布置特点：模块型布置非常适合大型仓库和物流中心。

4. 多层楼房仓库布置

多层楼房仓库布置特点：适合于用地比较昂贵的国家和地区，如日本和西欧等。

步骤一：调查库房及货架基本信息

在此步任务的操作中，可以按以下流程考虑。

第一步，确定库房分布及相应业务量。小组成员可以制定相应库房资料及其业务量。可以根据仓储企业服务的对象进行调查，以假设库房的实际物流量作为仓储企业的业务量，可以进行适当假设。

第二步，根据库房分布及业务量确定仓库的大体位置及货架数量、规模。在当地地区内，大体确定仓储的区域位置及规模。

第三步，分析确定库房布局的具体影响因素。首先，小组可以通过讨论来确定，并给每一因素赋与不同的权重。其次，对具体影响因素进行数量化处理，有些因素要经过相应调查，如货架状况等，有些因素可以进行假设，如货物状况。最后，利用相应调研分析方法对仓储布局进行分析。

第四步，总结并制定企业的仓库布局规范。把前面仓库布局的分工、步骤、因素方法及审批权限制度化。

步骤二：画出仓库平面布局图

第一步，决定仓库空间大小。

1. 对公司业务量做出预测

这一部分内容可以利用前一项目任务的资料，并做适当的发展预测。

2. 决定各类产品的数量

不同产品要求不同的仓储布局，要对每一品类产品的储存量及流通状况进行了解。

3. 计算各部分所占的体积

依据以上内容进行仓库容量的确定。

第二步，进行仓储内部布局设计。

在设计的时候要注意：

1. 与运输的接口

收货与运货接口，关注收发货物的体积和频率。

2. 按订单进行分拣的空间

3. 存储空间

4. 其他类空间

回收区域、办公区域、后勤区域。

结合仓库空间大小和库内布局设计画出库房平面布局图。

步骤三：制作货架编码顺序表

训练目的是使学生根据指定货架和货架的物资，熟练地进行货架货位编码，并准确地找到指定的库存物资，最后制作指定仓库的"货架编码顺序表"。

第一步：进行商品分类。

商品分区分类的方法

按种类和性质分区分类储存

按危险性质分区分类储存

按发运地分区分类储存

按仓储作业的特点分区分类储存

按仓库的条件及物资的特性分区分类储存

第二步：商品的编码。

商品编码，又称商品货号或商品代码，它赋予商品具有一定规律的代表性符号。符号可以由字母、数字元后特殊标记等构成。商品编码与商品分类关系密切，一般商品分类在前，商品编码在后，所以实践中称之为商品分类编码。2002 年，经国务院批准，发布了全国商品主要产品分类与代码第一部分：可运输产品（上）（下）（GB/T 7635.1—2002），规定了全国商品的分类和代码。

1. 代码结构

本部分采用层次码，代码分六个层次，各层分别命名为大部分、部类、大类、中类、小类、细类。代码结构如图 1 - 2 - 7 所示。

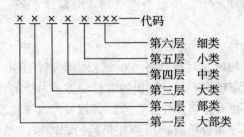

图1-2-7 代码结构

2. 编码方法

代码用8位阿拉伯数字表示。第一至五层各用1位数字表示，第一层代码为0~4，第二、五层代码为1~9，第三、四层代码为0~9，第六层用3位数字表示，代码为010~999，采用了顺序码和系列顺序码，第五层和第六代码之间用圆点（·）隔开，信息处理时应省略圆点符号。

本部分第二至五层代码，仅在1大部类、2大部类和4大部类的第三至第四层中，有6条类目的代码个位数为"0"，如：代码110、120、130、250、4160、4740（为CPC的码），其余以备用。

第六层的顺序代码为001~999。系列顺序码（即分段码）其个位数是0（或9）的3为数字代码，如：代码0111·010~·099或48412·309~·399等。

第六层的代码001~009为特殊区域，其所列产品类目按不同的特征属性再分类或按不同的要求列类，以满足管理上的特殊需求。对分类终止于中间某一层级的类目名称的代码，信息处理时补"0"。

第三步：货位的定位。

1. 货位编号

（1）标志设置。

（2）标志制作。

（3）编号顺序。

（4）段位间隔。

2. 货位编号的方法

（1）地址法。

（2）货场货位编号。

步骤四：使用推演沙盘进行验证

1. 展示

通过沙盘模型表达和展示仓库的布局和货架的摆放等，如：让学生从沙盘模型宏观地了解物流主要仓储相关设施；宏观地了解仓储布局的主要形态；展示与物流相关的信息流和资金流；重点介绍和展示各小组本次仓储布局设计方案、设备摆放情况等；仓储设备的展示和介绍。

2. 沙盘推演

即在沙盘上模拟表示和标识对抗性各方的最新情况，各方可根据最新情况选择行动方案，而沙盘上又可进一步模拟表示和标识各方行动方案对抗的结果。学员分成若干组，每组经营一家虚拟仓库，每人分别担任虚拟入库管理员、出库管理员、库管经理等职务。通过这种模拟，体验、学习和分析自己所担任角色的职能以及经营理念和库房布局形态的正确与否。经过一定时间作业的模拟，学员可根据沙盘上直观地标出的各个库房作业结果得出自己的结论。

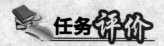

表 1-2-4　　　　　　　　　　　考核评价表

班级			姓名			小组		
任务名称								
考核内容		评价标准			参考分值	考核得分		
		优秀	良好	合格		自评（10%）	互评（30%）	教师评价（60%）
1	活动参与情况	积极观摩模仿，及时按任务要求做，认真分析总结	按时完成任务要求 积极观摩模仿	能够参加任务活动 认真观察思考	20			
2	技能掌握情况							

一、仓库布局的原则

（1）尽可能采用单层设备，这样做造价低，资产的平均利用效率也高。

（2）使货物在出入库时是单向和直线运动，避免逆向操作和大幅度改变方向的低效率运作。

（3）采用高效率的物料搬运设备及操作流程。

（4）在仓库里采用有效的存储计划。

（5）在物料搬运设备大小、类型、转弯半径的限制下，尽量减少通道所占用的空间。

（6）尽量利用仓库的高度，也就是说，有效地利用仓库的容积。

二、仓库布局的功能要求

（1）仓库位置应便于货物的入库、装卸和提取，库内区域划分明确、布局合理。

（2）集装箱货物仓库和零担仓库尽可能分开设置，库内货物应按发送、中转、到达货物分区存放，并分线设置货位，以防事故的发生；要尽量减少货物在仓库的搬运距离，避免任何迂回运输，并要最大程度地利用空间。

（3）有利于提高装卸机械的装卸效率，满足县级的装卸工艺和设备的作业要求。

（4）仓库应配置必要的安全、消防设施，以保证安全生产。

（5）仓库货门的设置，既要考虑集装箱和货车集中到达时的同时装卸作业要求，又要考虑由于增设货门而造成堆存面积的损失。

三、仓库布局的目标

1. 保护目标

我们可以制定一些通用的指导方针来实现保护的目标：第一，应该把危险物品，如易爆、易燃、易氧化的物体与其他物体分开，以减小损坏的可能性。第二，应该保护需要特殊安全设施的产品，以防被盗。第三，应该对需要温控的设备如冰箱或者加热器的物品进行妥善安置。第四，仓库人员应该避免将需要轻放和易碎的物品与其他物品叠放，以防损坏。

2. 效率目标

效率目标有两个含义：第一，仓库空间要有效利用，这就是要利用现有设施的高度，减少过道的空间；第二，仓库里台架的布局要合理，以减少人工成本和搬运成本。

3. 适度机械化

机械化系统的使用大大地提高了分销效率。机械化通常在以下情况最为有效：物品形状规则、容易搬运时；订单选择活动较为频繁时；产品数量波动很小且大批量移动时。在投资于机械化、自动化时，我们应考虑相关风险，这包括因为技术的快速变化而引起的设备磨损和贬值，以及大规模投资的回报问题。

四、影响仓库布局的因素

影响仓库布局的因素很多，主要有以下几点：

（1）工农业生产布局。流通部门的工农业仓库受工农业生产布局的制约，因此，仓库的布局，必须以我国资源的分布情况、工农业生产部门的配置、不同地区的生产发展水平以及发展规划为依据。这就是说，在进行仓库的布局时要充分研究工农业生产布局，注意各地区生产和产品的特点，以及这些物质产品进入流通过程的规律，以适应工农业产品收购、储存和调运的需要。

（2）货物需求量的分布。我国各地区经济发展很不平衡，人民生产消费水平也各不相同，所以各地区对各种货物需求量的多少也有所不同，尤其对生活消费品需求更是五花八门。所以，研究不同地区的消费特征，考虑各种货物的销售市场的分布及销售规律，是仓库布局的另一个重要依据。也就是说，仓库的分布与商品市场的分布应保持一致。

（3）经济区域。所谓经济区域，是结合了生产力布局、产销联系、地理环境、交通运输条件等自然形成的经济活动区域的简称。所以，按照经济区域组织流通，合理分布仓库，对于加快物流速度，缩短运输路线，降低物流费用，都有着重要的意义。

（4）交通运输条件。交通运输条件是组织物流活动的基本条件之一，如果交通不便，势必造成货物储存和交通运输的困难。因此，在仓库的布局上，特别要重视交通运输条件，仓库地址的选择应尽量选择在具有铁路、公路、水路等运输方便和可靠的地方，这是合理组织物流的基础。

（5）仓库的布局还应根据组织流通的需要，以及我国现有仓库设施和批发、零售网点的分布状况，合理布局仓库，这也是应考虑的因素。

总之，仓库的合理布局是在综合考虑上述因素的基础上，根据有利于生产、加快物流速度、方便消费和提高物流效益的原则，统筹规划，合理安排。这对于提高物流系统的整体功能有重要的意义。

五、仓储技术的概念

仓储就是在特定的场所储存物品的行为。

仓储技术是指在储存作业过程中所采用的作业方法和操作规程以及所使用的设备等。

图1-2-8　仓储示意图

六、仓储设施

1. 仓库主体建筑

仓库主体建筑分为三种：

库房：是仓库中用于存储货物的主要建筑，多采用封闭方式。

货棚：为半封闭式建筑，可以分成敞棚（仅有支柱和棚顶构成）和半敞棚（有一面、二面和三面墙之分）。

货场：可堆存短期存放的，对环境要求不太高的货物。

2. 仓库辅助建筑

是指办公室、车库、修理间、装卸工人休息间、装卸工具储存间等建筑物。

3. 仓库辅助设施

主要有照明设施、提升设施（电梯等）以及避雷设施等。

立体仓库又称立库、高层货架仓库、自动存取系统，它是一种用高层立体货架存储物资，用自动控制的巷道堆垛起重机及其他机械进行搬运存取作业，用计算机控制管理的仓库。

图 1-2-9 立体仓库

七、立体化仓库的布局

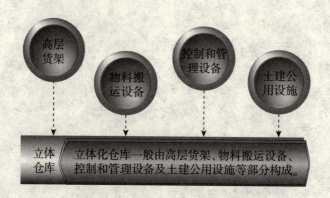

图 1-2-10 立体化仓库布局

1. 高层货架

随着单元货物重量和仓库高度的提高以及仓库自动化程度的提高，要求货架立柱、横梁的刚度和强度、货架制造、安装精度都应提高。

图 1-2-11 高层货架

2. 巷道式堆垛机

巷道式堆垛机是在高层货架的窄巷道内作业的起重机。

除控制系统外主要由操控、走行、卷扬、存取四大装置组成。

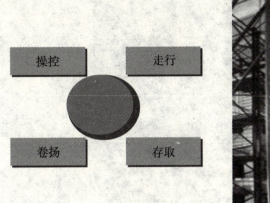

图 1 - 2 - 12 巷道式堆垛机

3. 出入库配套机械设施

巷道机	A	巷道机只能在巷道内进行存取作业
	B	货物出入库需通过周围的配套搬运机械设施

周边搬运系统	周边搬运系统包括自动分拣机设备、码垛机、小车、托盘等
	其作用是配合巷道式堆垛机完成货物运输、搬运、分拣等作业，可以临时取代其他主要搬运系统
	另外，可使自动存取系统维持工作，完成货物出入库作业

图 1 - 2 - 13 出入库配套机械设施

（1）自动分拣机设备

分拣是指将物品按品种、出入库先后顺序进行分门别类堆放的作业。

图 1 - 2 - 14   自动分拣机设备

这项工作可以通过人工的方式进行，也可以用自动化设备进行处理。能连续、大批量地分拣货物，分拣误差率极低、分拣作业基本实现无人化。

①自动分拣系统的适用条件

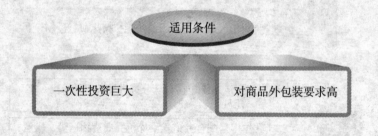

图 1 - 2 - 15   自动分拣系统的适用条件

②自动分拣系统的种类

直线型分拣系统 　分类　 环型分拣系统

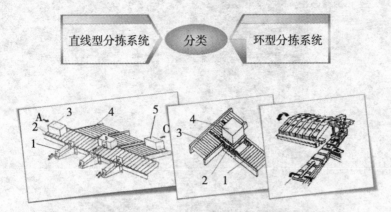

气缸侧推式辊柱分拣机　链条带动式辊柱分拣机　落入式分拣机

滑块式流辊柱分拣机　　　大托盘高速分拣机

图 1 – 2 – 16　自动分拣系统的种类

（2）自动导引搬运车（AGV）

自动导引搬运车简称 AGV，是装备有电磁或光学等自动导引装置，能够沿规定的导引路径行驶，具有安全保护以及各种移载功能的运输小车。

（3）码垛机与码垛机器人

自动化立体仓库系统中大量使用码垛机或码垛机器人完成码垛、拆垛的工作。

图1-2-17　自动导引搬运车

图1-2-18 码垛机与码垛机器人

4. 土建和公用工程设施

图 1 – 2 – 19　土建和公用工程设施构成

5. 自动控制系统

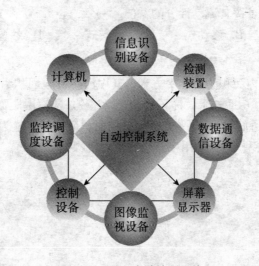

图 1 – 2 – 20　自动控制系统

练习与自测

单选题

1. 仓储管理在现代物流物流中的作用（   ）。

A. 储存保管　　　　B. 调节　　　　C. 集散　　　　D. 转换　　　　E. 信贷

2. 以下哪个是仓库建设规划的要求?（   ）

A. 严肃性　　　　B. 适用性　　　　C. 科学性　　　　D. 经济性

3. 影响仓库库区布局的主要因素有哪些?（   ）

A. 周围环境　　　　B. 物资构成　　　　C. 仓库类型　　　　D. 技术作业流程

4. 以下哪些属于仓库非保管面积?（   ）

A. 通道　　　　B. 墙间距　　　　C. 收发货区　　　　D. 办公区

5. 以下哪种货架不是按其流动性分的?（   ）

A. 固定式　　　　B. 移动式　　　　C. 旋转式　　　　D. 悬臂式

计算题

6. 某仓库经测定墙内面积为 791 平方米，其中消防设施面积为 10 平方米，门面积为 20 平方米，电梯面积为 16 平方米，柱子面积为 25 平方米；墙距面积为 6 平方米，柱距面积为 4 平方米，走支道面积为 80 平方米，单位面积最高储存量为 2 吨/平方米。求：仓库的使用面积、有效面积、面积利用率及仓容使用定额。

答　案

1. A

2. B

3. D

4. D

5. D

6. （1）使用面积 = 墙内面积 − （电梯、消防设施、门及支柱等占地面积）

= 791 − （10 + 16 + 20 + 25）= 720 平方米；

（2）有效面积＝使用面积－（走道、支道、墙距、柱距等面积）

$$= 720 - (80 + 6 + 4) = 630 \text{ 平方米；}$$

（3）面积利用率＝有效面积÷使用面积×100%

$$= 630 \div 720 \times 100\% = 87.5\% ;$$

（4）仓容定额＝$2 \times 630 = 1260$ 吨。

项目二　在库保管

任务一　仓储信息系统查询与统计

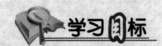 学习目标

◎知识目标

了解仓储管理系统的基本功能

掌握仓储管理系统中库存管理的功能模块

掌握仓储管理系统中的查询功能

◎能力目标

能够对仓储货物进行信息化管理和控制

能熟练使用仓储管理软件查询储存货物信息

能熟练使用仓储管理系统查询库房储位信息

◎情感、态度、价值观目标

培养学生严谨的工作态度

 任务引入

　　仓库管理人员在仓储管理过程中会对商品库存和仓库管理进行查询和统计，为了加强仓储管理的水平，更好地维护客户关系，2013 年 2 月 14 日，仓管员决定要对北京欧乐科技公司在仓库中储存的商品库存进行统计，另外，为了对仓库储位进行优化，仓管员需要了解仓库的储位使用情况。因此，仓管员张一向信息员刘元下达了任务指令，命令刘元对北京欧乐科技储存在海星 1 号仓库中的商品库存进行查询，另外要对仓库海星 1 号

内的储位使用情况进行查询。

根据以上任务，可得出此任务的任务单如表2-1-1所示。

表2-1-1	任务单
任务名称	完成仓储信息系统的查询和统计
任务要求	1. 熟悉仓储管理信息系统，按照要求对系统进行操作 2. 按照任务指令，在仓储信息系统中对货品库存进行查询 3. 按照仓库指令，在仓储信息系统中对仓库的储位情况进行查询
任务成果	1. 仓管员下达信息查询指令 2. 完成货品库存的查询 3. 完成仓库储位的查询

针对本任务，分析相关内容如下：

表2-1-2	准备内容	
项　目	准备内容	
环境准备	设备/道具	计算机
	主要涉及岗位角色	仓管员、信息员
	软件	仓储管理系统
	涉及单据	无
制订计划	步骤一	登录仓储信息系统
	步骤二	库存查询
	步骤三	储位查询

一、仓储管理的定义

所谓仓储管理，是指对仓库和仓库中储存的物资进行管理。过去，仓库被看成一个无附加价值的成本中心，而现在仓库不被看成是形成附加价值过程中的一部分，而且被看成是企业成功经营中的一个关键因素。仓库被企业作为连接供应方和需求方的桥梁。从供应方的角度来看，作为流通中心的仓库从事有效率的流通加工、库存管理、运输和配送等活动。从需求方的角度来看，作为流通中心的仓库必须以最大的灵活性和及时性满足种类顾客的需要。

因此，对于企业来说，仓储管理的意义重大。在新经济新竞争形势下，企业在注重效益、不断挖掘与开发自己的竞争能力的同时，已经越来越注意到仓储合理管理的重要性。精准的仓储管理能够有效控制和降低流通和库存成本，是企业保持优势的关键助力与保证。

由于现代仓储的作用不仅是保管，更多是物资流转中心，对仓储管理的重点也不再仅仅着眼于物资保管的安全性，更多关注的是如何运用现代技术，如信息技术、自动化技术来提高仓储运作的速度和效益，这也是自动化立体仓库大行其道的原因。自动化立体仓库由于大量采用大型的储货设备，如高位货架；搬运械具，如托盘、叉车、升降机；自动传输轨道和信息管理系统，从而实现仓储企业的自动化。

二、仓储管理信息系统

通过仓储管理信息系统实现对库房和货品的管理。仓储管理包括基础管理、库存管理、配置管理、入库作业、出库作业、流通加工作业、移库作业、库存冻结、盘点管理、日终处理、仓储综合查询等模块。如图 2 - 1 - 1 所示。

三、仓储管理信息系统基本资料

仓储管理信息系统基本资料包括基础管理、库存管理、配置管理等模块。

1. 库房管理

包括"库房"、"门信息"、"库管员"等。

（1）库房

库房基本信息用于建立库房的基本资料，是后续各物流环节操作的基础数据。库房信息描述的是库房的编码、名称、类型等基本信息。

（2）门信息

库房信息描述的是库房的门的相关信息。库房门的位置将影响货品的摆放位置，离门的距离越近的区或者储位的货品存放优先等级越高。

（3）库管员

库房信息描述的是库房的库管员的基本信息，一个库房可以有多个库管员，但是一段时间内一般会有一个库管员负责库房内的作业。

图 2-1-1 仓储管理功能界面

图 2-1-2 库管员信息维护界面

2. 区、储位管理

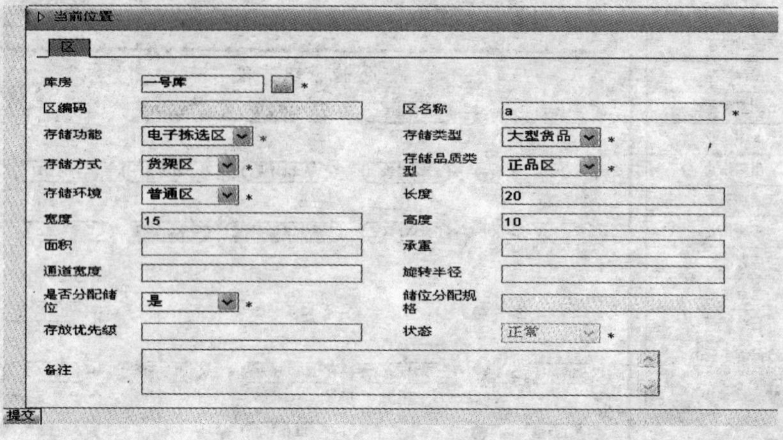

图 2 - 1 - 3　区信息维护界面

建立好区信息以后，如果区是分配储位的，则可以对该区内的储位信息进行设置。

图 2 - 1 - 4　区储位管理界面

如果是货架等立体存储方式，则按照货架数、截面数、层数和对应通道数进行编码，编码规则如表 2 - 1 - 3 所示：

表 2 - 1 - 3　　　　　　　　　　　　编码规则

货架数	对应通道数	截面数	层数
1位	(A ~ Z)	1位 (1/2)	2位2位

3. 货品管理

本模块实现对货品基本信息、货品数量对照信息、货品组装信息、货品搭配信息及其搭配方案的管理。货品信息是后续物流作业和管理的基础，是系统中比较重要的模块。

（1）货品

"货品"标签页描述的是货品的基本信息，货品基本信息用于建立库房的基本资料，包括货品名称、大小、重量、类型、污染等属性。界面如图2－1－5所示。新增时要求货品编码自动生成，并不能重复，同时客户货品编码和条码也不能重复。注销货品时要求检查库房内是否还有该种货品的库存，如果有则不允许删除。污染属性和防止污染属性不能存在重复项目。

（2）货品数量对照

"货品数量对照"描述的是单位和数量的对应关系。货品数量对照信息用于定义一种货品的多种包装单位的定义以及该种包装单位与该货品 SKU 包装单位的数量对照关系（1包装单位 = 多少 SKU 包装数量），如 1 箱 = 10 瓶等。新增和修改时不允许包装单位重复，也不允许与 SKU 包装单位重复。删除时如果系统中存在该包装单位的库存数据，则不允许删除该包装单位对照关系。

图2－1－5　货品信息查询

4. 库存管理

库存管理包括库存查询、可视化库存、储位使用情况、ABC 分类、库龄分析等模块。

（1）库存查询

（2）可视化库存

用户选择"可视化库存"，选择或输入区域、库房、客户信息后，系统会显示指定条件下的储位统计情况。

（3）储位使用情况

选择或输入库房信息后，点击"查询"系统会显示指定条件下的储位统计情况。

（4）库龄分析

库龄分析是对库存货品的在库时间的查询统计，方便仓储管理部门的查询。

5. 配置管理

（1）操作配置

操作配置是对我们作业中的操作设置一个基本的设置，比如说设置作业资源等，能够指定我们需要的作业资源和人员。

（2）作业环节配置

作业环节配置是可以对作业的顺序进行配置的查看，这里有 3 种配置类型，可以供大家查看一般的企业的操作流程基本上是相同的。

（3）上架/拣货策略

上架/拣货策略是对货品的上架和拣货的先后顺序进行配置处理的策略，对货品的存储进行处理。

（4）库存监控配置

库存监控配置通过新增按钮对要进行监控的库存进行修改设置，设定其上下限，再通过系统对出入库进行锁定操作，当在库货物库存超出上下限的范围时，就会在反馈阶段进行锁定。

（5）库龄管理设置

库龄管理设置是对仓库中某个客户货品的管理设定，设定后会按照要求进行库龄的在库时间的统计查询和对在库货品的限制设定。

（6）储位存放规格

储位存放规格是对我们仓库的库房、仓储位存放物品和区域的始末储位也就是区域的大小的进行设定。

（7）RFID 配置

通过查询客户的信息提出客户的商品信息选择需要的商品对 RFID 卡进行写入操作。

（8）电子拣选配置

电子拣选配置是对电子标签辅助仓储作业的硬件进行接口的关联的设置，在这里要把定义的标签号和储位号进行关联设定。

步骤一：登录仓储信息系统

信息员刘元使用给定的用户名：text01 和密码：1，登录仓储管理系统，如图 2 - 1 - 6 所示。

点击"登录"，进入仓储系统的主界面如图 2 - 1 - 7 所示：

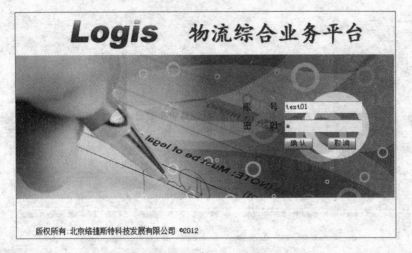

图2-1-6 仓储信息系统登录

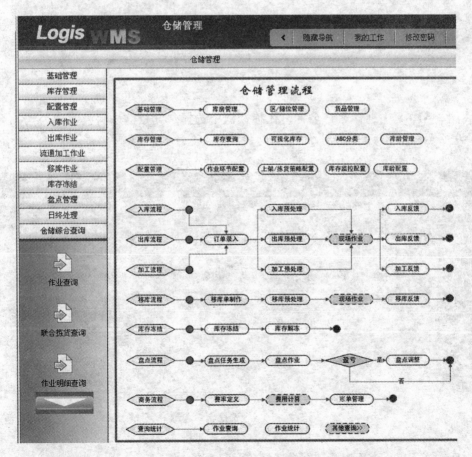

图2-1-7 仓储管理功能界面

步骤二：库存查询

信息员刘元登录仓储信息系统之后，找到"库存管理"模块，在"库存管理"模块中找到"库存查询"功能，点击"库存查询"，会出现如图2-1-8所示界面：

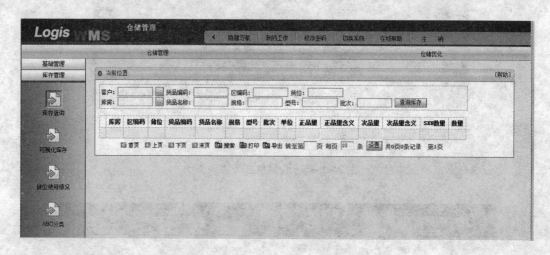

图2-1-8　库存查询

在图2-1-8中选择客户名称，在筛选框中选择"北京欧乐科技有限公司"，如图2-1-9所示：

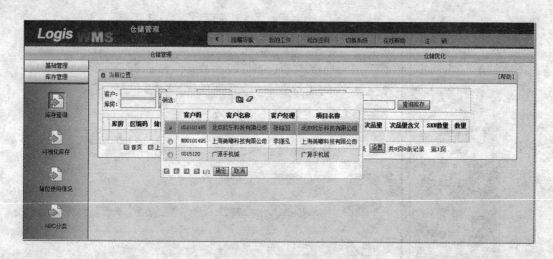

图2-1-9　选择客户名称

之后选择库房，在库房筛选框中选择"海星1号"。

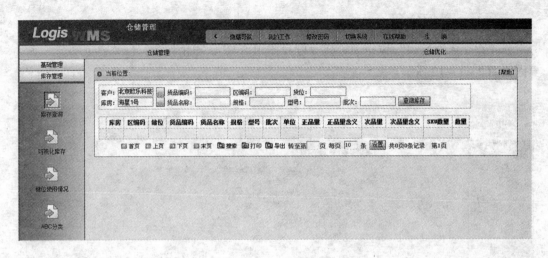

图 2-1-10　选择库房

当客户和库房选择好以后，点击上图的"查询库存"，在界面中会显示出此客户在海星 1 号仓库中的商品库存情况。

图 2-1-11　库存查询结果

步骤三：储位查询

刘元在"库存管理"模块中找到"储位使用情况"，点击按钮，计算机上会显示查询界面如图 2 – 1 –12 所示：

图 2 – 1 – 12　储位查询界面

点击"库房"的筛选框，会出现如图 2 – 1 – 13 所示界面，在仓库中选择"海星 1号"，进行"确定"。

图 2 – 1 – 13　选择查询库房

同理，点击"客户"的删选框中，在客户中找到"北京欧乐科技有限公司"，点击"确定"。

图 2 – 1 – 14　选择查询客户

至此，客户名称和库房名称确认完毕，界面如图 2 - 1 - 15 所示：

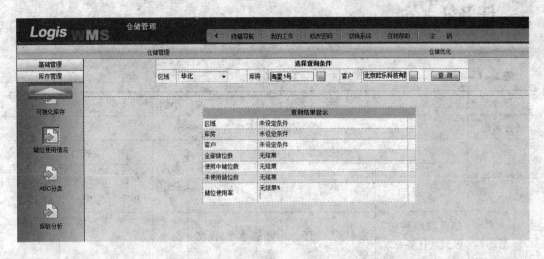

图 2 - 1 - 15 查询条件确定完毕界面

点击上图中的"查询"按钮，就会显示出海星 1 号库房的储位使用情况，具体内容如图 2 - 1 - 16 所示：

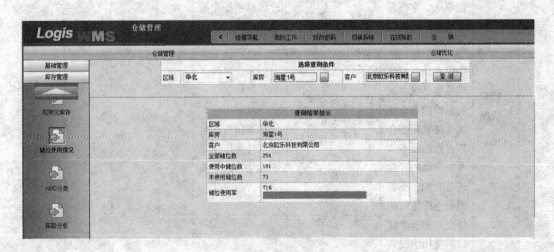

图 2 - 1 - 16 储位使用查询结果

在图 2 - 1 - 16 中，我们可以得知北京欧乐科技有限公司在海星 1 号仓库中占用的储位数，另外我们还可得知海星 1 号仓库中的储位使用率。

表 2-1-4　　　　　　　　　　　　任务评价

班级			姓名		小组	
任务名称			仓储信息系统查询与统计			

考核内容		评价标准			参考分值	考核得分		
		优秀	良好	合格		自评（10%）	互评（30%）	教师评价（60%）
1	活动参与情况	积极观摩模仿，及时按任务要求做，认真分析总结	按时完成任务要求 积极观摩模仿	能够参加任务活动 认真观察思考	20			
2	技能掌握情况	能够掌握仓储管理信息系统的功能模块，掌握每个模块中所具有的功能	掌握仓储管理信息系统中的模块结构，了解每个模块的功能	能够掌握仓储管理信息系统中的功能模块	10			
		能够登录仓储管理信息系统，了解系统的各个功能；能够根据仓库主管的任务指令对货品的库存进行查询；能够根据仓库主管的指令查询仓库储位的使用情况	能够根据仓库主管的任务指令对货品的库存进行查询；能够根据仓库主管的指令查询仓库储位的使用情况	能够根据仓库主管的任务指令完成货品库存的查询	30			
3	总结归纳相应知识情况	积极参加总结讨论，观点鲜明、新颖、独特	能够参加讨论总结，有自己的观点	有自己的见解；但需要通过总结修正自己的观点	40			
总体评价					总分			

一、物流信息系统

1. 物流信息系统概念

物流信息系统是利用计算机软硬件、网络通信设备特别是 Internet 等 IT 技术，结合各类机械化、自动化物流工具设备，利用数据、信息、知识等资源（要素），进行物流信息的收集、传递、加工、储存、更新和维护，实现对实体物流综合管理的数字化、智能化、标准化和一体化，物流业务处理指挥信息化与网络化（功能），以提高整体物流活动的效率和效益，降低整体物流成本，从而支持企业的现代管理并取得竞争优势（目标）的集成化人机系统，如图 2-1-17 所示。

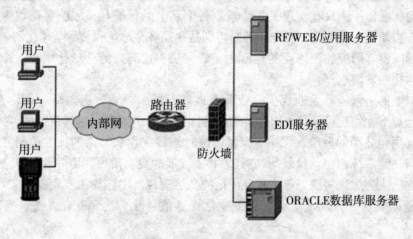

图 2-1-17 物流信息系统

物流信息系统其他定义：所谓物流信息系统，实际上是物流管理软件和信息网络结合的产物，小到一个具体的物流管理软件，大到利用覆盖全球的互联网将所有相关的合作伙伴、供应链成员连接在一起提供物流信息服务的系统，都叫做物流信息系统。对一个企业而言，物流信息系统不是独立存在的，而是企业信息系统的一部分，或者说是其中的子系统，即使对一个专门从事物流服务的企业也是如此。例如，一个企业的 ERP 系统，物流管理信息系统就是其中一个子系统。

2. 物流信息系统的开发过程

系统规划阶段、系统需求阶段、系统软件设计、系统实施阶段、系统测试阶段、系统运行和维护阶段。

3. 物流信息化发展的趋势

（1）智能化

智能化是自动化、信息化的一种高层次应用。物流作业过程涉及大量的运筹和决策，如物流网络的设计与优化、运输（搬运）路径的选择、每次运输的装载量选择，多种货物的拼装优化、运输工具的排程和调度、库存水平的确定、补货策略的选择、有限资源的调配、配送策略的选择等问题都需要进行优化处理，这些都需要管理者借助优化的、智能工具和大量的现代物流知识来解决。同时，近年来，专家系统、人工智能、仿真学、运筹学、智能商务、数据挖掘和机器人等相关技术在国际上已经有比较成熟的研究成果，并在实际物流作业中得到了较好的应用。因此，物流的智能化已经成为物流发展的一个新趋势。

（2）标准化

标准化技术也是现代物流技术的一个显著特征和发展趋势，同时也是现代物流技术实现的根本保证。货物的运输配送、存储保管、装卸搬运、分类包装、流通加工等各个环节中信息技术的应用，都要求必须有一套科学的作业标准。例如，物流设施、设备及商品包装的标准化等，只有实现了物流系统各个环节的标准化，才能真正实现物流技术的信息化、自动化、网络化、智能化等。特别是在经济全球化和贸易全球化的 21 世纪中，如果在国际间没有形成物流作业的标准化，就无法实现高效的全球化物流运作，这将阻碍经济全球化的发展进程。

物流企业的运营随着企业规模和业务跨地域发展，必然要走向全球化发展的道路。在全球化趋势下，物流目标是为国际贸易和跨国经营提供服务，选择最佳的方式与路径，以最低的费用和最小的风险，保质、保量、准时地将货物从某国的供方运到另一国的需方，使各国物流系统相互"接轨"，它代表物流发展的更高阶段。面对着信息全球化的浪潮，信息化已成为加快实现工业化和现代化的必然选择。中国提出要走新型工业化道路，其实质就是以信息化带动工业化、以工业化促进信息化，达到互动并进，实现跨越式发展。

二、仓储管理信息系统的概念

仓储管理信息系统（Warehouse Management System，WMS）是属于一种专门在追踪和管理仓储中一切活动的软件。

仓储管理信息系统基本功能在于记录存货的收据和存货离开仓储的操控。运用实时数据收集和关系数据库技术，并以全面性的配销循环观点，协助企业管理库存的有效产出。

物料仓储管理与运输/配送服务是物流系统的两大重心。

三、WMS 的特点和内涵

WMS 提供仓库执行全程的管理功能——从接到订单开始到货物装运。

　　WMS 按照运筹选原理整合和合理利用仓库的资源，规划库位，分配任务。同时延伸到运输配送计划、和上下游供货商客户的信息交互，从而有效提高仓库作业效率，降低成本，提高客户满意度。

四、仓储管理信息系统典型方案

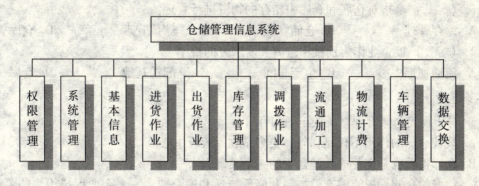

图 2 – 1 – 18　仓储管理系统的功能结构图

1. 权限管理，提供对安全管理的支持
（1）用户权限管理。
（2）日志管理。
2. 系统管理
（1）参数设定。
（2）历史资料处理。
（3）日结处理。
3. 基本信息管理，对本系统基础数据的管理
（1）区域资料。
（2）货主资料。
（3）仓位资料。
（4）报表查询。

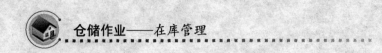

单选题

1. （　　）是指对仓库和仓库中储存的物资进行管理。

A. 库存管理　　　　B. 仓储管理　　　　C. 储位管理　　　　D. 仓库管理

2. （　　）被企业作为连接供应方和需求方的桥梁。

A. 流通加工中心　　B. 生产车间　　　　C. 配送基地　　　　D. 仓库

多选题

3. 对于现代仓储管理，说法正确的有（　　）。

A. 现代仓储的作用不仅是保管，更多是物资流转中心

B. 仓库被看成是企业成功经营中的一个关键因素

C. 精准的仓储管理能够有效控制和降低流通和库存成本，是企业保持优势的关键助力与保证

D. 对仓储管理的重点越来越多关注如何运用现代技术

判断题

4. 仓储管理信息系统基本资料包括基础管理、库存管理、配置管理等模块。（　　）

A. 正确　　　　　　B. 错误

填空题

5. 在仓储管理信息系统中，＿＿＿＿＿模块中包括"库房"、"门信息"、"库管员"等。

1. B

2. D

3. ABCD

4. A

5. 库存管理

任务二 商品储存货位管理

学习目标

◎知识目标

　　了解货位管理的概念

　　掌握货位管理的内容

　　掌握移库的作业流程

　　掌握仓储管理系统中移库作业的操作

◎能力目标

　　能对储存货物进行 ABC 管理，对货物储位管理进行优化

　　能够制作移库单

　　能根据移库单进行移库作业

◎情感、态度、价值观目标

　　培养学生严谨的工作态度

　　培养学生良好沟通与协调能力

　　培养团队合作精神、岗位意识、安全意识及成本意识

任务引入

　　仓库管理人员张楠需定期进行货位管理，进行货位优化。在货位管理过程中，张楠需对货位货物进行 ABC 管理，将货物的进货量和出货量进行统计，将出入库频率较高的货物储存在离仓库出入口较近的货位上。2013 年 2 月，张楠对仓库的储存货物重新进行了出入库量统计，发现托盘货架区 B00306 货位上的显示器出入库频率较高，为了提高出入库作业效率，优化货位管理，经过对仓库货位分析，张楠决定将货位为 B00306 的显示器移至托盘货架 B00406 货位上。2013 年 2 月 21 日，张楠制订了对于显示器的移库单，并将移库单交由作业员程大功进行移库作业。移库单如表 2 – 2 – 1 所示：

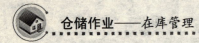

表 2 - 2 - 1　　　　　　　　　　　　　　　　**移库单**

单号：L000012111　　　　　　　　　　　　　　　移库日期：2013 年 2 月 21 日

货物名称	条码	原库位	数量	单位	目的库位	备注
显示器	9787798975703	托盘货架区 B00306	20	箱	托盘货架区 B00406	
总　计			20			

制单人：张楠　　　　　　作业员：　　　　　　　　仓库主管：

表 2 - 2 - 2　　　　　　　　　　　　　　　　**任务单**

任务名称	对货位优化管理，完成商品移库作业
任务要求	1. 通过商品的 ABC 管理，为了优化货位管理，张楠制订移库单，并交由作业人员程大功 2. 程大功仔细阅读移库单，明确待移库货品的信息 3. 程大功要做好移库准备，组织人员和设备 4. 根据移库单，对需移库货品下架 5. 根据移库单，对移库货品搬运至目标储位并上架
任务成果	1. 完成移库单的制作 2. 做好移库准备，准备好移库所需的设备 3. 完成移库货品的下架作业 4. 完成移库货品的搬运操作 5. 完成移库货品的重新上架

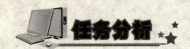任务分析 ★

针对本任务，分析相关内容如下：

表 2 - 2 - 3　　　　　　　　　　　　　　　　**准备内容**

项　目		准备内容
环境准备	设备/道具	计算机、移库货品、叉车
	主要涉及岗位角色	仓管员、作业员
	软件	仓储管理系统
	涉及单据	移库单

续 表

项 目	准备内容	
	步骤一	移库作业单处理
	步骤二	下架操作
制订计划	步骤三	搬运作业
	步骤四	上架操作
	步骤五	移库反馈

一、货位管理

货位管理是指对仓库存放物资的货位进行的规划、分配、使用、调整等项工作。

货位管理就是在物流中心依据一定的规则，以每个类别货品在物流中心存放位置为基础进行重新的定义，忽略货品出厂定义的属性，在物流中心操作员的分拣单、盘点单以及脑海中，货品的第一印象是本物流中心的货位编码。货位管理为仓管人员提供便捷的管理方式，从而加强货品在物流中心的具体位置的管理。

货位管理主要是一种思想，不少管理者以企业库存不大，硬件设施不全等原因，没有推行货位管理，其实货位管理是一种运作思想，以物流中心自有的定义标准，统一不同货品的属性，方便基层人员的具体操作，以此提高物流中心工作效率。

二、储位管理的范围

货物进入仓库之后，应该如何科学、合理地摆放、规划和管理，这就构成了储位管理。仓库的全部作业都在保管区内进行。因此，保管区均属储位管理的管理范围。按照仓库作业性质，保管区可分为预备储区、保管储区、动管储区和移动储区等4个储区。仓库作业和储区关系是进货作业在预备储区、入库作业在保管储区、拣货作业在动管储区、发货作业在预备储区、配送作业在移动储区，如图2-2-1所示。

三、储位编码方法

一般储位编码的方法有下列四种：

1. 区段方式

区段方式是指把保管区域分割为几个区段，再对每个区段编码。这种编码方式是以区段为单位，每个号码所代表的储区较大，因此，适用于单元化装载的存货，以及大量

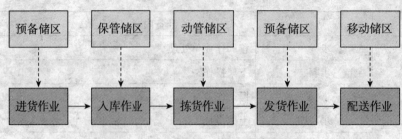

图 2 - 2 - 1　仓库作业与储区对应关系

或保管周期短的存货。在 ABC 分类中的 A、B 类存货很适合这种编码方式。存货所占区段的大小根据物流量的大小而定，以进出货频率来决定其配置顺序。

2. 存货类别方式

存货类别方式是把一些相关存货经过集合后，区分为几个存货大类，再对每类存货进行编码。这种编码方式适用于按存货类别保管或品牌差距大的存货，如服饰类、五金类等。

3. 地址式

利用保管区域中的现成参考单位，例如建筑物第几栋、区段、排、行、层、格等，依照其相关顺序来进行编码，就像地址的几段、几巷、几弄、几号一样。

这些种编码方式由于其所标注代表的区域通常以一个储位为限，且其有相对顺序性可查询，使用起来容易明了又方便，所以为目前仓库中使用最多的编码方式。但由于其储位体积所限，适合一些量少或单价高的货物储存使用，例如 ABC 分类中 C 类的货物。

4. 坐标式

利用空间概念来编排储位的方式，此种编排方式由于其对每个储位定位切割细小，在管理上比较复杂，对于流通率很小，需要长时间存放的货物，即一些生命周期较长的货物比较适用。

一般而言，由于储存货物特性不同，对于所适合采用的储位编码方式也不同，如何选择编码方式就得依保管货物的储存量、流动率，保管空间布置及所使用的保管设备来做选择。不同的编码方法，对于管理的容易与否也有影响，这些都必须先行考虑上列因素及资讯管理设备，才能适宜的选用。

四、货位管理基本原则

货位管理与库存管理、商品管理一样，它们的管理方法就是原理原则的灵活运用，货位管理的基本原则有：

1. 货位准确性

在仓储中，必须首先将储存区详细规划区分，并标识编号，其次，将货位编号，从而让每一项预备储放的货物都有明确的存放位置。

2. 储存有效性

依据货物保管区分的不同，寻求合适的储存单位、储存策略、指派法则，把货物有效的配置在先前规划的储位上。所谓有效性就是按照货物合理安排相应的储位。例如冷冻货物需存于冷库、易燃易爆货物存放于特殊仓库、高流通货物存放于靠近出入口处等。

3. 储货明晰性

当货物放入储位后，要对货物的数量、品种、存放位置、拣货取出、淘汰更新和损伤等变化情况进行详细登记，做到货物与账单完全吻合。

步骤一：移库作业单处理

使用给定的用户名和密码登录仓储管理系统。进入仓储管理系统，选择移库作业，进入移库作业列表。

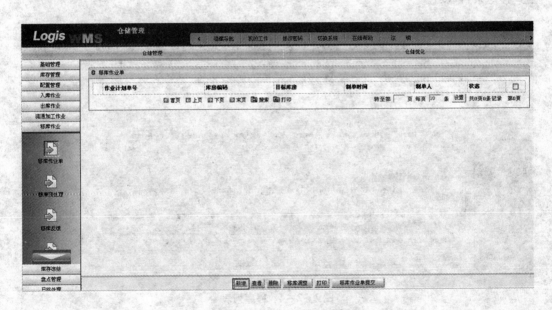

图2-2-2　移库作业列表

点击图2-2-2下方的"新增"按钮，然后选择正确的"区编码"和"储位编码"，点击"查询库存"，系统就会按查询条件过滤出可以移动的库存货品。

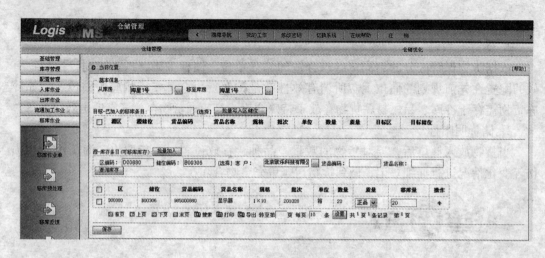

图 2 - 2 - 3　查询库存

　　根据库存货品的库存量确定移库量，点击要移库的货品右侧的上移箭头，将货品移动到移库条目区域。

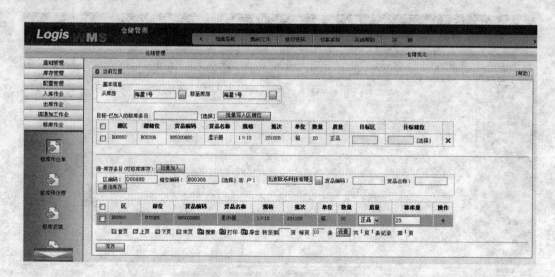

图 2 - 2 - 4　移库列表

　　在移库目标区域，选择目标储位信息：

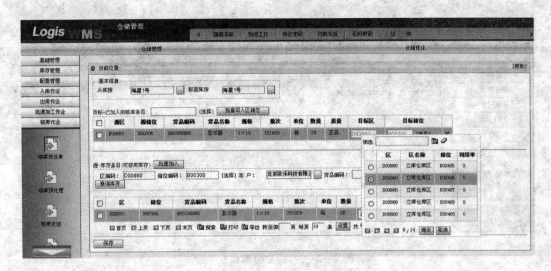

图2-2-5　选择移库目标区域

确定移库的目标区域后，点击图"保存"按钮，进入图2-2-6所示界面。

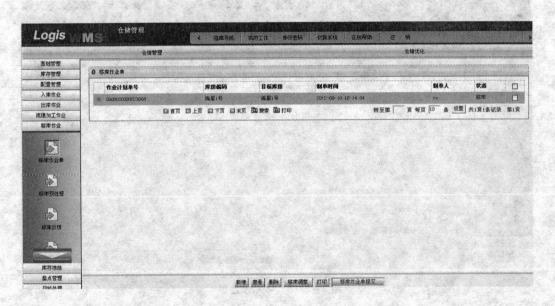

图2-2-6　生成移库作业单

勾选正确的作业计划单号对应的订单，图2-2-6中的"移库作业单提交"按钮。

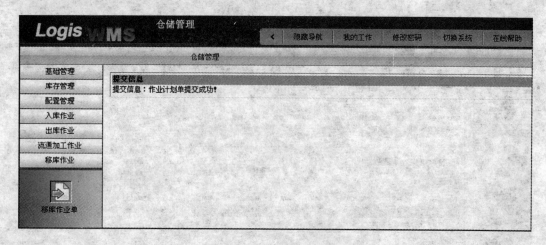

图 2 – 2 – 7 提交移库作业单

返回移库作业列表，在移库作业任务中选择"移库预处理"。

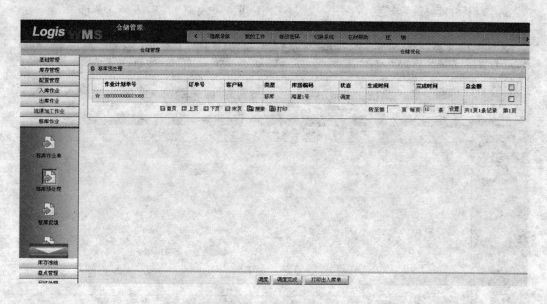

图 2 – 2 – 8 移库预处理

勾选正确的作业计划单号对应的订单，图 2 – 2 – 8 中的"调度"按钮。

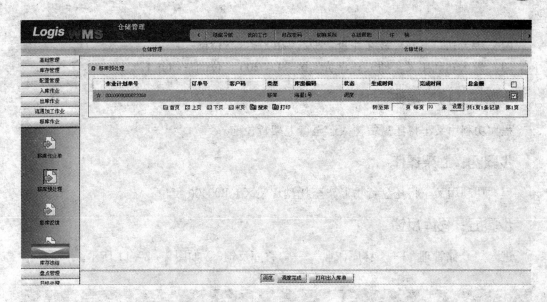

图 2 - 2 - 9　移库调度

进入移库调度界面，在基本信息中查看移库作业的源区域和目标区域是否设定正确，如图 2 - 2 - 10 所示：

图 2 - 2 - 10　移库基本信息

查看并确认移库单的基本信息、拣货情况、上架情况和资源调度后，点击"调度完成"按钮。

步骤二：下架操作

作业员程大功根据移库货物选择作业设备进行下架，在此，程大功选择了叉车作为操作工具，具体操作步骤如下：

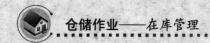

（1）程大功从设备暂存区取出叉车；

（2）程大功将叉车停放在托盘货架区－B00306货位前；

（3）程大功利用叉车插取托盘货架区－B00306货位的货物并下架。

步骤三：搬运操作

程大功利用叉车将托盘货物搬运至待上架货位前。

步骤四：上架操作

程大功利用叉车将托盘货物上架至托盘货架区－B00406货位。

步骤五：移库反馈

进入"仓储管理"—"移库作业"—"移库反馈"，如图2－2－11所示。

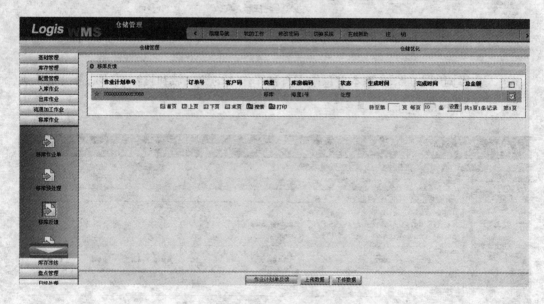

图2－2－11 移库反馈

勾选正确的作业计划单号对应的订单，点击图2－2－11的"作业计划单反馈"按钮。

在图2－2－12中，查看并确认移库单的基本信息、拣货情况、上架情况和资源反馈后，点击"反馈完成"按钮。

另外，移库作业完成后，作业员和仓管员朱军需在移库单上签字。

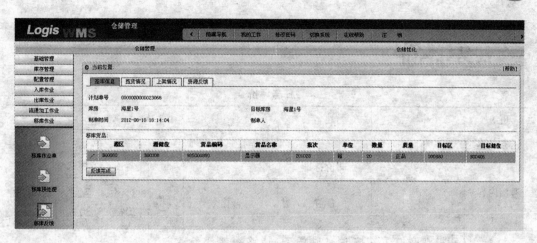

图 2 - 2 - 12　反馈完成

表 2 - 2 - 4　　　　　　　　　　　移库单

单号：L000012111　　　　　　　　　　　　　　　　移库日期：2013 年 2 月 21 日

货物名称	条码	原库位	数量	单位	目的库位	备注
显示器	9787798975703	托盘货架区 B00306	20	箱	托盘货架区 B00406	
总　计			20			

制单人：张楠　　　　　　　作业员：程大功　　　　　　　仓库主管：朱军

至此，移库作业完成。

任务 *评价*

表 2 - 2 - 5　　　　　　　　　　　任务评价

班级			姓名		小组		
任务名称			商品储存货位管理				
考核内容		评价标准			参考分值	考核得分		
		优秀	良好	合格		自评（10%）	互评（30%）	教师评价（60%）
1	活动参与情况	积极观摩模仿，及时按任务要求做，认真分析总结	按时完成任务要求 积极观摩模仿	能够参加任务活动 认真观察思考	20			
2	技能掌握情况	能够根据货物出入库统计结果和 ABC 管理思想进行储位管理	能够掌握储位管理的内容，掌握储位管理的基本思想	能够掌握储位管理的基本思想	10			
		能够根据储位管理的思想制作货物移库单，能够对移库作业进行下架作业，选用合适的操作设备搬运至目标储位货架，同时能够将移库货物重新上架	能够根据移库单对移库货物进行下架操作，选用合适的操作设备完成货物的搬运作业，能够完成货物的重新上架	能够正确对货物下架，能够完成货物的上架作业	30			
3	总结归纳相应知识情况	积极参加总结讨论，观点鲜明、新颖、独特	能够参加讨论总结，有自己的观点	有自己的见解；但需要通过总结修正自己的观点	40			
总体评价					总分			

一、仓库内部布局

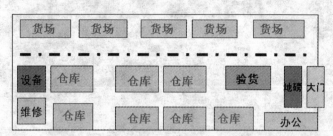

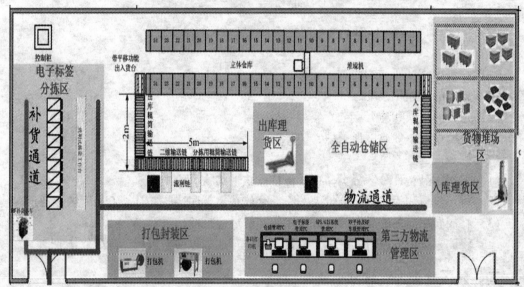

图 2-2-13 仓库内部布局

1. 商品储存区域的划分及标识的确定

商品储存规划是要根据仓库总平面布置和储存任务，具体确定种类商品地点和储存方法，确定各种商品的仓容定额和整个仓库储存能力的计划。

按照仓储作业的功能特点和 ISO 9000 国际质量体系认证的要求，储存区域可划分为：待检区、待处理区、储存区和不合格品隔离区四部分。

四个区域分别采用不同的颜色进行标识。

待检区 ⬜　　　　　　　　　　待处理区 ⬜

储存区 ⬛　　　　　　　　　　不合格品隔离区 ⬛

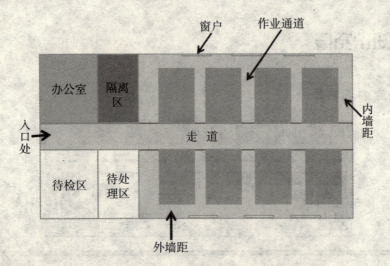

图 2-2-14　商品储存区域划分及标识

2. 影响仓库货区布局的因素

（1）仓库的专业化程度

（2）仓库的规模和功能

（3）环境设施、地质地形条件

3. 货区布局的基本思路

（1）根据物品特性分区分类储存，将特性相近的物品集中存放

（2）将单位体积大、单位质量大的物品存放在货架底层，并且靠近出库区和通道

（3）将周转率高的物品存放在进出库装卸运最便捷的位置

（4）将同一供应商或者同一客户的物品集中存放，以便于进行分拣配货作业

二、分区分类保管规划

1. 分区分类的概念和作用

（1）分区分类的概念

强调"三一致"原则。

（2）分区分类与专仓专储的区别

专仓专储——是指对于某些性质特殊、不宜与其他物品共储的货物，在仓库中划出专门的仓间，进行专门储存、保管的方法。例如粮仓、化学危险品仓库、军火库以及贵重物品仓库等。分区分类与专仓专储的主要区别有四点：①仓库阶性质不同。②储存商品的种类多少不同。③储存商品的数量多少不同。④储存商品阶性质不同。

（3）分区分类的作用

①可缩短商品拣选及收、发作业的时间；②能合理使用仓容，提高仓容利用率；

③有利于保管员熟悉商品的性能，提高保管养护的技术水平；④可合理配制和使用机械设施，有效提高机械化、自动化操作熟练程度；⑤有利于仓储商品的安全，减少损耗。

图 2 - 2 - 15　分区分类储存

2. 分区分类的方法

（1）按商品种类和性质进行分区分类。

①分类同区储存。

②单一货物专仓专储。

（2）按商品发往地区进行分类。

（3）按商品的作业特点分类。

（4）按仓库的条件及商品的特性分类。

三、货位管理

1. 货位概念

货位是指仓库中实际可用于堆放商品的面积。货位的选择是在商品分区分类的基础上进行的, 所以货位的选择应遵循确保商品安全, 方便吞吐发运, 力求节约仓容的原则。

2. 货位管理原则

确保商品安全原则 为确保商品质量安全, 在货位的选择时, 应注意以下几个方面的问题:

(1) 怕潮、易霉、易锈的商品, 应选择干燥或密封的货位;

(2) 怕光、怕热、易溶的商品, 应选择低温的货位;

(3) 怕冻的商品, 应选择不低于0℃的货位;

(4) 易燃、易爆、有毒、腐蚀性、放射性的危险品, 应存放在郊区仓库分类专储;

(5) 性能相互抵触或有挥发性、串味的商品, 不能同区存储;

(6) 消防灭火方法不同的商品, 要分开储存货区;

(7) 同一货区的商品中, 存放外包装含水量过高的商品会影响邻垛商品的安全;

(8) 同一货区储存的商品中, 要考虑有无虫害感染的可能。

方便吞吐发运的原则 货位的选择, 应符合方便吞吐的原则, 要方便商品的进出库, 尽可能缩短收发货作业时间。除此之外, 还应该兼顾以下几个方面:

(1) 收发货方式。采取送货制的商品, 由于分唛理货、按车排货、发货的作业需要, 其储存货位应靠近理货、装车的场地; 采取提货制的商品, 其储存货位应靠近仓库出口, 便于外来提货的车辆进出。

(2) 操作方法和装卸设备。各种商品具有不同的包装形态、包装质地和体积重量, 因而需要采用不同的操作方法和设备。所以, 货位的选择必须考虑货区的装卸设备条件与仓储商品的操作方法适应。

(3) 货物吞吐快慢, 仓储商品的流转快慢不一, 有着不同的活动规律。对于快进快出的商品, 要选择有利于车辆进出库方便的货位; 滞销久储的商品, 货位不宜靠近库门; 整进零出的商品, 要考虑零星提货的条件; 零进整出的商品, 要考虑到集中发运的能力。

尽量节约仓容的原则 货位的选择, 还要符合节约的原则, 以最小的仓容储存最大限量的商品。在货位负荷量和高度基本固定情况下, 应从储存商品不同的体积、重量出发, 使货位与商品的重量、体积紧密结合起来。对于轻泡商品, 应安排在负荷量小和空间高的货位。对于实重商品, 应安排在负荷量大而且空间低的货位。

除此之外, 在货位的选择和具体使用时, 还可以根据仓储商品具有吞吐快慢不一的规律, 针对操作难易不一的特点, 把热销和久储、操作困难和省力的商品, 搭配在同一货区储存, 这样, 不仅能充分发挥仓容使用的效能, 而且还能克服各个储存区域之间忙闲不均的现象。

3. 货位分布形式

货位的分布形式有直线式、斜线式和曲线式三种。

(1) 直线式。直线式货位就是货架和通道呈矩形分段布置。它主要适用于超级商场和大型百货商店。其优点是顾客易于寻找货位地点, 易于采用标准化货架; 缺点是容易造成冷淡气氛, 易使顾客产生被催促的感觉, 顾客自由浏览受到限制。

（2）斜线式。斜线式货位就是货架和通道呈菱形分段布置。其优点是可以使顾客看到更多的商品，气氛也比较活跃，活动不受拘束；缺点是不如直线式通道能充分利用场地面积。

（3）曲线式。曲线式货位的货位分布和顾客通道都是不规则的曲线形式。它是开架销售常用的形式，主要适用于大型百货商店、服装商店等。其优点是能创造活跃的商店气氛，便于顾客选购浏览，任意穿行，可增加随意购买的机会；缺点是浪费场地面积，寻找货位不够方便。

（4）货位编号

仓库的货位布置可根据仓库的条件、结构、需要，根据已确定的商品分类保管的方案及仓容定额加以确定。货位编号的方法有多种，可灵活掌握，但无论采用何种方式，货位的摆放往往都需要与主作业通道垂直，以便于存取。

货位编号的要求。货位的编号就好比商品在仓库中的住址，必须符合"标志明显易找，编排循规有序"的原则。具体编号时，须符合以下要求：

（1）标志设置要适宜。货位编号的标志设置，要因地制宜，采用适当的方法，选择适当的地方。如无货架的库房内，走道、支道、段位的标志，一般都刷置在水泥或木板地坪上；有货架库房内，货位标志一般设置在货架上等。

（2）标志制作要规范。货位编号的标志如果随心所欲、五花八门，很容易造成单据串库、商品错收、错发等事故。统一使用阿拉伯字码制作标志，就可以避免以上弊病。为了将库房以及走道、支道、段位等加以区别，可在字码大小、颜色上进行区分，也可在字码外加上括号、圆圈等符号加以区分。

（3）编号顺序要一致。整个仓库范围内的库房、货场内的走道、支道、段位的编号，一般都以进门的方向左单右双或自左向右顺序编号的规则进行。

（4）段位间隔要恰当。段位间隔的宽窄，应取决于货种及批量的大小。

同时应注意的是，走道、支道不宜经常变更位置，变更编号，因为这样不仅会打乱原来的货位编号，而且会使保管员不能迅速收发货。

货位编号的方法。目前，仓库中货位编号常用的方法有几下几种：

（1）仓库内储存场所的编号。整个仓库内的储存场所若有库房、货棚、货场，则可以按一定的顺序（自左向右或自右向左），各自连续编号。库房的编号一般写在库房的外墙上或库门上，字体要统一、端正，色彩鲜艳、清晰醒目、易于辨认。货场的编号一般写在场地上，书写的材料要耐摩擦、耐雨淋、耐日晒。货棚编号书写的地方，则可根据具体而定，总之应让人一目了然。

（2）库房编号。对于多层库房的编号，常采用"三位数编号"、"四位数编号"或"五位数编号"。"三位数编号"是用三个数字或字母依次表示库房、层次和仓间，如，131编号，表示1号库房、3层楼、1号仓间。"四位数编号"是用四个数字或字母依次表示库房、层次、仓间和货架，如，1331编号，表示1号库房、3层楼、3号仓间、1号货架。"五位数编号"是用五个数字或字母依次表示库房、层次、仓间、货架、货格，如，

13311，表示 1 号库房，3 层楼，3 号仓间，1 号货架，1 号货格。

（3）货位编号。货位布置的方式不同，其编号的方式也不同，货位布置的方式一般有两种，横列式和纵列式。横列式即货位横向摆放，可采用横向编号。纵列式，即货位纵向摆放，常采用纵向编号。

货位编号的应用：

（1）当商品入库后，应将商品所在货位的编号及时登记在账册上或输入电脑。货位输入的准确与否，直接决定了出货的准确性，应认真仔细操作，避免差错。

（2）当商品所在的货位变动时，该商品账册上的货位编号也应作相应的调整。

（3）为提高货位利用率，一般同一货位可以存放不同规格的商品，但必须配备区别明显的标识，以免造成差错。

四、货位布局

1. 商品储位指派法则

（1）以周转率为基础法则。

（2）商品相关性法则。

（3）商品同一性法则。

（4）先进先出法则。

2. 货位布局的主要形式

（1）平面布置

垂直式布置是指货架或货垛的排列与库墙和通道相互垂直或平行。它包括横列式布置、纵列式布置和纵横式布置 3 种。

垂直式布置采用最广泛，尤其是横列式布置。

（2）空间布置

从有效利用仓储空间的角度出发，必须综合考虑储存场所的平面和高度两方面的因素，才能使仓储空间得到充分利用。通常有以下几种形式：

①就地堆垛。

②利用货架。

③采用架上平台。

④空中悬挂。

⑤以托盘和集装箱堆垛。

（3）库内非保管场所的布置

库内墙线所包围的面积称为可使用面积。库内货架和货垛所占的面积为保管面积，其他则为非保管面积。应尽量扩大保管面积，缩小非保管面积。

非保管面积包括：通道、墙间距、收发料区、仓库人员办公场所等。

单选题

1. （ ）是指对仓库存放物资的货位进行的规划、分配、使用、调整等项工作。

A. 储位规划　　　　B. 货位管理　　　　C. 盘点　　　　D. 移库

多选题

2. 按照仓库作业性质，保管区可分为（ ）。

A. 预备储区　　　　B. 保管储区　　　　C. 动管储区　　　　D. 移动储区

判断题

3. 储位编码的方法有很多，存货类别方式是指把保管区域分割为几个区段，再对每个区段编码。（ ）

A. 正确　　　　　　B. 错误

填空题

4. ＿＿＿＿＿＿储位编码方法是利用空间概念来编排储位的方式，此种编排方式对于流通率很小，需要长时间存放的货物，即一些生命周期较长的货物比较适用。

简答题

5. 储位管理的基本原则有哪些？

答案

1. B
2. ABCD
3. B
4. 坐标式
5. 货位管理的基本原则有：
（1）货位准确性
（2）储存有效性
（3）储货明晰性

任务三　货品堆码与苫垫

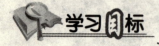 学习目标

◎知识目标

了解货物常见的堆码方式

能描述货物堆码的要求和方法

能描述货物苫垫的原则和方法

◎能力目标

能根据货物选择合适的垛形

能熟练对货物进行堆码操作

能熟练对货物进行垫垛和苫盖

◎情感、态度、价值观目标

形成效率优先的工作精神

培养学生严谨认真的工作态度

培养学生吃苦耐劳精神、节约意识和环保意识

 任务引入

北京海华物流中心仓库为了提高仓库的利用率，对其平堆区的货物进行整理。平堆区有 480 箱毛毯和 480 箱羽绒被是无规则的散放，占用了很大的面积，仓管员周亮和理货员王军负责将这些货物进行重新堆码处理。

由于毛毯和羽绒被要防潮，所以在堆码前首先要进行垫垛。毛毯和羽绒被的包装是销售包装，为了防尘，保持包装的干净整洁，在堆垛后要求进行苫盖。

表2-3-1　　　　　　　　　　毛毯和羽绒被规格情况

货品	包装规格	重量（kg）	数量（箱）	层数
毛毯	60cm×50cm×30cm	4.5	480	5
羽绒被	60cm×40cm×35cm	3.0	480	4

表2-3-2　　　　　　　　　　　　任务单

任务名称	完成货品堆码和苫垫
任务要求	1. 选择堆码的方式 2. 选择垫垛和苫盖的材料 3. 进行堆码和苫垫
任务成果	1. 完成货物的堆码 2. 完成货物的苫垫

任务分析

针对本任务，分析相关内容如下：

表2-3-3　　　　　　　　　　　　准备内容

项目		准备内容
环境准备	设备/道具	模拟商品、托盘、雨布、绳子
	主要涉及岗位角色	仓管员、理货员
	软件	无
	涉及单据	理货单
制订计划	步骤一	堆码准备
	步骤二	选择垫垛和苫盖的材料
	步骤三	货品堆码
	步骤四	货品苫盖

一、堆码和苫垫

堆码是指根据货物的性质、形状、轻重等因素，结合仓库储存条件，将其堆码成一定形状的货垛，进行存放。

图 2 – 3 – 1　货品堆码

苫盖是指采用专用苫盖材料对货垛进行遮盖，以减少自然环境中的阳光、雨雪、刮风、尘土等对货物的侵蚀、损害，并使货物由于自身理化性质所造成的自然损耗尽可能减少，保护货物在储存期间的质量。常用的苫盖材料有：帆布、芦席、竹席、塑料膜、铁皮铁瓦、玻璃钢瓦、塑料瓦等。

图 2 – 3 – 2　货品苫盖

垫垛是指在货物堆码时，根据货垛的形状、底面积大小、货物保管养护的需要以及地面负重的要求，在预定的货位地面位置上，使用衬垫材料进行铺垫的作业。垫垛是为了使堆垛的货物免受地面潮气的侵蚀，使垛底通风透气，维护储存货物的质量。

图 2 - 3 - 3　货品垫垛

二、常见的堆码方式

1. 散堆方式

将无包装的散货在仓库或露天堆场上堆成货堆的存入方式。特别适用于大宗散货，如煤炭、矿石、散粮和散化肥等。堆码方式简便，便于采用现代化的大型机械设备，节省包装费用，提高仓容的利用，降低运费。

图 2 - 3 - 4　散堆

2. 货架方式

采用通用或者专用的货架进行货物堆码的方式。适合于存放多种形状、性质的货物。

通过货架能够提高仓库的利用率，减少货物存取时的差错。

图 2 - 3 - 5　货架堆码

3. 成组堆码方式

采用成组工具使货物的堆存单元扩大。常用的成组工具有货板、托盘等。成组堆码一般每垛高 1.2 ~ 1.5 米，这种方式可以提高仓库利用率，实现商品的安全搬运和堆存，提高劳动效率，加快商品流转。

图 2 - 3 - 6　成组堆码

4. 垛堆方式

指对包装货物或长、大件商品进行堆码。垛堆方式应以增加堆高，提高仓容利用率，有利于保护货物质量为原则。具体方法有：重叠式、纵横交错式、压缝式、仰俯相间式、衬垫式、栽桩式、通风式、直立式、五五化堆码等。

图 2-3-7 垛堆

三、堆码的原则

商品堆码的原则主要是：

（1）尽量利用库位空间，较多采取立体储存的方式。

（2）仓库通道与堆垛之间保持适当的宽度和距离，提高物品装卸的效率。

（3）根据物品的不同收发批量、包装外形、性质和盘点方法的要求，利用不同的堆码工具，采取不同的堆码形式，其中，危险品和非危险品的堆码，性质相互抵触的物品应该区分开来，不得混淆。

（4）不要轻易地改变物品存储的位置，大多应按照先进先出的原则。

（5）在库位不紧张的情况下，尽量避免物品堆码的覆盖和拥挤。

商品堆码要做到货堆之间，货垛与墙、柱之间保持一定距离，留有适宜的通道，以便商品的搬运、检查和养护。要把商品保管好，"五距"很重要。五距是指顶炬、灯距、墙距、柱距和堆距。

顶距是指货堆的顶部与仓库屋顶平面之间的距离。留顶距主要是为了通风，乎顶楼房，顶距应在 50 厘米以上为宜。

灯距是指在仓库里的照明灯与商品之间的腔离。留灯距主要是防止火灾，商品与灯的距离一般不应少于 50 厘米。

墙距是指货垛与墙的距离。留墙距主要是防止渗水，便于通风散潮。

柱距是指货垛与屋柱之间的距离。留柱距是为了防止商品受潮和保护柱脚，一般留 10～20 厘米。

堆距是指货垛与货垛之间的距离。留堆距是为了便于通风和检查商品，一般留 10 厘米即可。

四、苦垫的方法和原则

1. 垫垛的要求

使用的衬垫物具有足够的抗压强度，且与要堆垛的货物不会发生不良影响；地面要平整坚实，衬垫物要摆平放正，并保持同一方向，最好与走道、支道成直线；注意垫底材料的排列方向，第一层垫木或石块的空隙要对准走道或门窗，以利于垛底通风散湿；衬垫间距适当，直接接触货物的衬垫物面积与货垛垛底的面积相同，衬垫物不能伸出货垛外；垫垛要有足够的高度，露天堆场要达到 0.3～0.5 米，库房内 0.2 米即可。

垛垫通常采用枕木、石墩、水泥块、木板、防潮纸等。在实践中，根据不同的储存条件和货物的不同要求，选择适当的垫垛材料。

2. 垫垛的方法

常用的垫垛方法主要有码架法、垫木法、防潮纸法三种。码架法即采用若干个码架，拼成所需货垛垛底面积的大小和形状，以备堆垛。码架是用垫木为脚，上面钉有木条或木板的构架，专门用于垫垛。垫木法即采用规格相同的若干枕木或垫石，按货位的大小、形状排列，作为垛垫。枕木和垫石一般都是长方体，其宽和高相等，约为 0.2 米，枕木较长些，一般为 2 米左右，而垫石较短，一般为 0.3 米左右。防潮纸法即在垛底铺上一层防潮纸作为垛垫，常用芦席、油毡、塑料薄膜、帆布等作为防潮纸。

3. 苫盖的要求

苫盖材料合适，具有防火、无害、低廉、可重复利用的特点，且不会与货物发生不良反应；顶面要倾斜，苫盖接口要紧密、有一定深度的相互叠盖，不能迎风叠口和有折叠、凹陷，以避免下雨、下雪后积水渗入货垛；苫盖物不能腾空或拖地，苫盖底部应与垫垛平齐，苫盖物必须拴扎牢固，防止被风刮落。苫盖通常采用帆布、芦席、竹席、塑料膜、铁皮铁瓦、玻璃钢瓦、塑料瓦等。

4. 苫盖的方法

苫盖的方法主要有就垛苫盖法、鱼鳞式苫盖法、活动棚苫盖法三种。就垛苫盖法即直接将大面积苫盖材料苫盖在货垛上，适用于脊垛或大件包装货物，一般采用大面积的帆布、油布、塑料膜等。就垛苫盖法操作便利，但基本不具有通风条件。鱼鳞式苫盖法即将苫盖材料从货垛的底部开始，自下而上呈鱼鳞式逐层交叠围盖。该法一般采用面积较小的席、瓦等材料苫盖。鱼鳞式苫盖法具有较好的通风条件，但每件苫盖材料都需要固定，操作比较烦琐复杂。活动棚苫盖法即将苫盖物料制作成一定形状的棚架，在货物堆垛完毕后，将棚架移动到货垛上方，或者采用即时安装活动棚架的方式苫盖。活动棚苫盖法较为快捷，具用良好的通风条件，但活动棚本身需要占用仓库位置，也需要较高的购置成本。

步骤一：堆码准备

在货物正式堆码前，理货员王军首先清点和检查货物，将货物的名称、规格、数量和质量填入《理货单》。通过检查，货物的外包装完好、清洁、标志清楚。

表 2 - 3 - 4　　　　　　　　　　　　　　　　理货单

理货原因	整理仓库，重新堆码		理货时间		2012.8.16
货品	包装规格	重量（kg）	数量（箱）	层数	备注
毛毯	60cm×50cm×30cm	4.5	480	5	外包装完好、清洁、标志清楚，无质量问题
羽绒被	60cm×40cm×35cm	3.0	480	4	外包装完好、清洁、标志清楚，无质量问题

　　理货员：＿＿王军＿＿　　　　　　　　　　　　　　　仓管员：＿＿周亮＿＿

　　仓管员周亮按照货物的数量、体积、重量和形状计算占地面积与堆高，结合仓库情形和时间要求，计划垛型。考虑到取货方便，已经确定了堆垛的层数，周亮通过计算，得到：

　　毛毯每层：480÷5＝96 箱

　　羽绒被每层：480÷4＝120 箱

　　仓库平堆区长 25 米，宽 14 米，为了通风和操作方便，每排间隔 1 米，两端各留出 1 米，周亮将货物做如下放置：

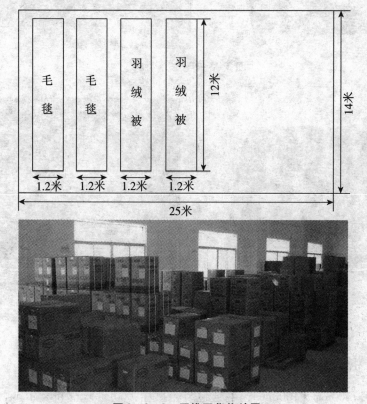

图 2 - 3 - 8　平堆区货物放置

步骤二：选择垫垛和苫盖的材料

为了防潮和雨水浸泡，堆码前要先进行垫垛，仓库垫垛经常采用枕木或垫石进行垫垛，枕木的承重大，但是本身占用空间，所以一般仓库的枕木储备有限，而且专门用来垫垛重大货物，北京海华物流中心仓库中没有垫石，周军考虑到需要堆码的货物重量轻，而且仓库中闲置着大量的木托盘，所以垫垛的材料采用木托盘。苫盖的材料采用彩条布，绑扎采用尼龙绳。

图 2 - 3 - 9　垫垛材料

图 2 - 3 - 10　苫盖材料

步骤三：货品堆码

托盘尺寸：1200mm×1000mm，毛毯包装箱尺寸：60cm×50cm×30cm，羽绒被包装箱尺寸：60cm×40cm×35cm，周亮通过计算比较，毛毯采用重叠式堆码，羽绒被采用纵横交错式堆码。垫垛的托盘的排放如图2-3-11所示：

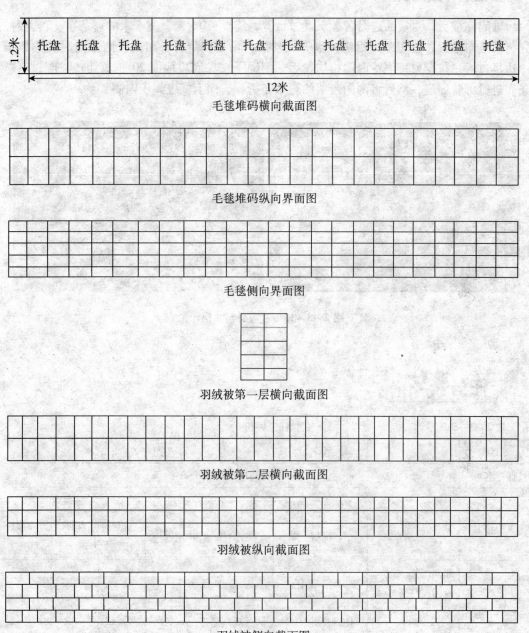

毛毯堆码横向截面图

毛毯堆码纵向界面图

毛毯侧向界面图

羽绒被第一层横向截面图

羽绒被第二层横向截面图

羽绒被纵向截面图

羽绒被侧向截面图

图2-3-11　垫垛的托盘排放

步骤四：货品苫盖

堆码完成后，对货品进行苫盖。通过计算，需要长 16 米，宽 5 米的彩条布。苫盖时，先将彩条布放置在过道中，沿纵向展开，然后再沿横向展开，两人在两端同时将彩条布一边越过垛顶拉至另一侧，两侧拉均匀后，用绳子在垛底离地面 20 厘米处转一圈，对彩条布进行绑扎固定，然后将两侧余留的彩条布折叠，向上塞进绳子内侧。

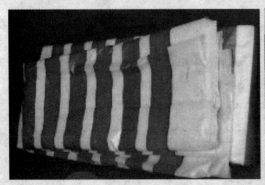 

图 2 - 3 - 12　苫盖材料和现场

任务评价

表 2 - 3 - 5　　　　　　　　　　　　任务评价

班级			姓名		小组	
任务名称			货品堆码与苫垫			
考核内容	评价标准			参考分值	考核得分	
	优秀	良好	合格		自评（10%）	互评（30%）	教师评价（60%）
1　活动参与情况	积极观摩模仿，及时按任务要求做，认真分析总结	按时完成任务要求 积极观摩模仿	能够参加任务活动 认真观察思考	20			

续 表

考核内容		评价标准			参考分值	考核得分		
		优秀	良好	合格		自评（10%）	互评（30%）	教师评价（60%）
2	技能掌握情况	熟练掌握货物的堆码方式，熟悉堆码和苫垫的原则，能根据货物选择合适的垛形，能熟练对货物进行堆码和苫垫操作，节约材料，操作高效	了解货物常见的堆码方式，能描述货物堆码和苫垫的原则，根据货物和存储要求进行高效地堆码和苫盖	了解常见的堆码方式，能根据货物和存储要求进行合理堆码和苫盖	40			
3	总结归纳相应知识情况	积极参加总结讨论，观点鲜明、新颖、独特	能够参加讨论总结，有自己的观点	有自己的见解；但需要通过总结修正自己的观点	40			
总体评价					总分			

一、堆垛技术

堆码就是根据商品的特性、形状、规格、质量及包装质量等情况，同时综合考虑地面的负荷、储存的要求，将商品分别叠堆成各种码垛。

精湛的堆码技术，合理的码垛，对提高入库商品的储存保管质量提高仓容利用率，提高收发作业及养护工作的效率，都有着不可低估的重要作用。如图2-3-13所示。

1. 堆码的实施原则与基本要求

（1）堆码的实施原则

①轻起轻放，大不压小，重不压轻。标志直观清晰，标签朝外，箭头向上。

②四角落实，整齐稳当。

③通道宽度适当，方便作业。

④分类存放。

图 2 - 3 - 13　堆码整齐的货物

⑤按先进先出顺序堆码。

⑥袋装货物定型码垛，重心应倾向垛内；纸箱包装货物箱口向上；大体积箱装货物分层堆码时，上层要对准下层货物的立柱后方可压放；桶装货物要封口向上；破包货物要另行堆放。

（2）堆码的基本要求

堆码的要求可依堆码场地、堆码商品及堆码操作不同而有所不同。

①堆码场地要求

②堆码商品的要求

图 2 - 3 - 14　整齐的堆码

③堆码操作的要求

牢固、合理、方便、整齐、定量、节约。

图 2 - 3 - 15　堆码整齐、牢固

④货垛"五距"的规范要求

垛距、墙距、柱距、顶距、灯距。

2. 商品堆码设计的内容

（1）垛基

垛基是货垛的基础，其主要作用是：承受整个货垛的重量，将商品的垂直压力传递给地坪；将商品与地面隔离，起防水、防潮、通风的作用；垛基空间为搬运作业提供方便条件。

（2）垛形

垛形是指仓库场地码放的货物外部轮廓形状。按垛底的平面形状可分为矩形、正方形、三角形、圆形、环形等。按货垛立面的形状可分为矩形、正方形、三角形、梯形、半圆形，还可以组成矩形—三角形，矩形—梯形等复合形状，如图 2 - 3 - 16 所示。

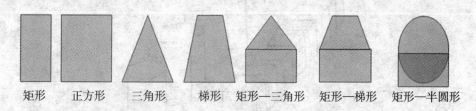

矩形　　正方形　　三角形　　梯形　矩形—三角形　矩形—梯形　矩形—半圆形

图 2 - 3 - 16　垛形

①平台垛

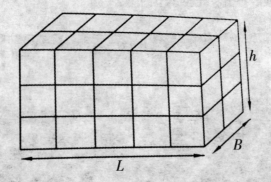

图 2 – 3 – 17　平台垛

②起脊垛

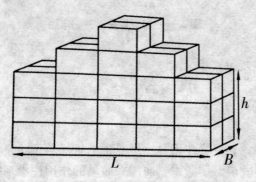

图 2 – 3 – 18　起脊垛

③行列垛

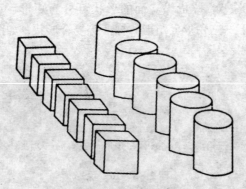

图 2 – 3 – 19　行列垛

④立体梯形垛

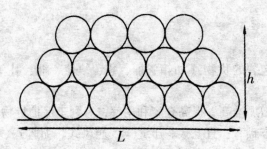

图 2 - 3 - 20　立体梯形垛

⑤井形垛

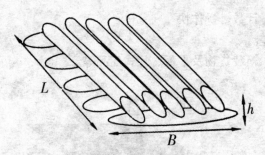

图 2 - 3 - 21　井形垛

⑥梅花形垛

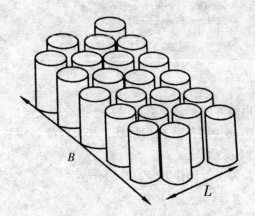

图 2 - 3 - 22　梅花形垛

3. 商品堆码方法

商品堆码要根据商品的性质、形状、体积、包装等不同而选择各种方式。基本方法有：

（1）散堆法。

（2）货架法。

（3）成组堆码法。

（4）垛堆法。

垛堆方式指对有包装的货物（如箱、桶、袋、箩筐、捆、扎等）或长、大件货物进行堆码。

堆码方式应遵循增加堆高，提高仓容利用率，有利于保护货物质量的原则。

常见的商品堆码方式有：直叠式、压缝式、通风式、缩脚式、纵横交错式、交叠式、仰伏相间式、衬垫式、宝塔式、牵制式、栽桩式、托盘、串联式以及鱼鳞式等。

①重叠式堆码法

重叠式堆码法也称直推法或直叠法，是指商品逐件、逐层向上重叠堆码，一件压一件的堆码方式。

优点是方便作业，计数、操作快。

缺点是稳定性较差。

适用于袋、箩筐、箱装货物及平板、片式商品等。

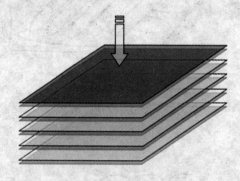

图2-3-23　重叠式堆码

②压缝式堆码法

这是一种较普遍使用的方法，它是将底层并排摆放，上层放在下层的两件商品之间。如果每层货物都不改变方向，则形成梯形形状；如果改变每层货物的方向，则类似于纵横交错式。如图2-3-24所示。

优点是稳定性好、易苫盖、操作方便、节约仓容。

缺点是不便清点。

③通风式堆码法

货物在堆码时，每件相邻的商品之间都留有空隙，以便通风。层与层之间采用压缩式或纵横交错式，它适用于通风量需求较大的货物。

有利于货物中水分的蒸发与降低垛堆的温度。

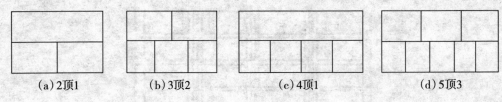

| (a) 2顶1 | (b) 3顶2 | (c) 4顶1 | (d) 5顶3 |

图 2 - 3 - 24　压缝式堆码法

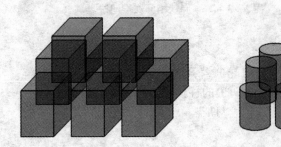

图 2 - 3 - 25　通风式堆码

④纵横交错式堆码法

它是将商品件与件、层与层之间交互压住，层层排列相反，相互纵横交错，堆高成垛。

优点是比较稳定，通风良好。

缺点是操作不便。

适用于管材、长箱装等商品。

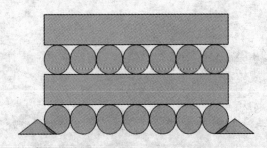

图 2 - 3 - 26　纵横交错式堆码法

⑤仰伏相间式堆码法

对上下两面有大小差别或凹凸的商品，将商品仰放一层，再反一面伏放一层，仰伏相间相扣。

优点是该垛极为稳固。

缺点是操作不便。

适用于槽钢、钢轨等。

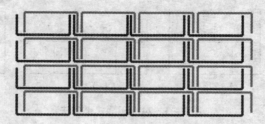

图 2 - 3 - 27　仰伏相间式堆码法

⑥栽桩式堆码法

也称栽柱式，这种方法码放商品前要在货垛两侧栽上木桩或钢棒，然后将商品平码在桩柱之间，几层后用铁丝将相对两边的柱栓连，再往上摆放商品。

它适用于棒材、管材等长条状或圆形商品。

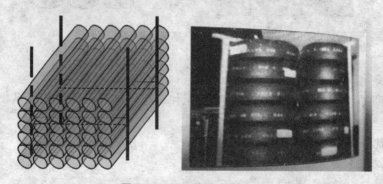

图 2 - 3 - 28　栽桩式堆码法

⑦衬垫式堆码法

码垛时，隔层或隔几层铺放衬垫物，衬垫物平整牢靠后，再往上码。

它适用于不规则的或较重的商品。

图 2 - 3 - 29　衬垫式堆码法

⑧直立式堆码法

商品保持垂直方向码放的方法。

它适用于不能侧压的商品。

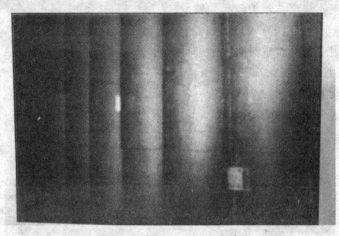

图 2 – 3 – 30　直立式堆码法

⑨宝塔式堆码法

每一层或数层的左右或前后，向内缩进半包装位置的方法。（即缩脚式堆码）

它适用于桶装、筒形或体积较小的商品。

⑩托盘堆码法

用叉车进行堆码作业时，以托盘堆码为基本单位，直叠成纵列，排列成行，组成货垛的方法。目前大型仓库已普遍采用这种方法。

图 2 – 3 – 31　托盘堆码法

二、苫垫技术

商品在堆垛时一般都需要苫垫，即把货垛垫高，对露天货物进行苫盖，以避免受潮、淋雨、暴晒等，保证储存、养护商品的质量。

1. 苫盖技术

苫盖是指采用专用苫盖材料对货垛进行遮盖。

（1）苫盖的目的

（2）苫盖的材料

塑料布、芦席、油毡、铁皮、苫布。

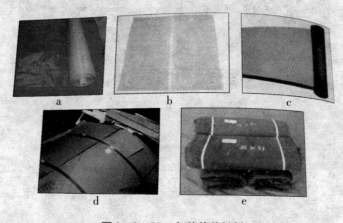

图 2 - 3 - 32　各种苫盖材料

（3）苫盖的基本要求

选择合适的苫盖材料；

苫盖牢固；

苫盖的接口要有一定深度的互相叠盖，不能迎风叠口或留空隙，苫盖必须拉挺、平整，不得有折叠和凹陷，防止积水；

苫盖的底部与垫垛齐平，不腾空或拖地，并牢固地绑扎在垫垛外侧或地面的绳桩上，衬垫材料不露出垛外，以防雨水顺延渗入垛内；

使用旧的苫盖物或在雨水丰沛季节，垛顶或者风口需要加层苫盖，确保雨淋不透。

（4）苫盖方法

①垛形苫盖法：就是用整块的苫布（如篷布、塑料布等）将整个货垛苫盖起来。对露天货垛，首先将铺底的塑料膜向上翻起，用线将其与商品包装缝牢，然后用苫布从垛顶苫盖到垛底，垛底的水泥墩、枕木、木板、垫架等不可露在苫布外，以防雨水流入垛底。如果货垛过大，可用两块苫布连接，苫布连接处重叠部分不少于 1.2 米。苫盖好后，将苫布四周用绳子与垛底拉环拴紧拴牢。铺放苫盖材料的方式，可分为紧贴货垛铺放和

用物件隔离货垛铺放两种方式。（也称整块苫盖法或就垛苫盖法）

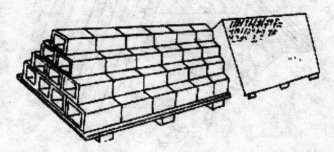

图 2 - 3 - 33　整块苫盖法

②席片苫盖法：就是用席片、芦席等面积较小的苫盖材料，从垛底逐渐向垛顶围盖，盖好后形成鱼鳞状，又叫鱼鳞苫盖法。

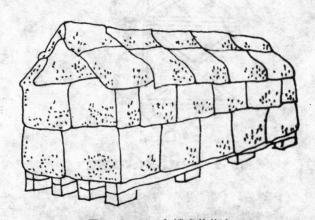

图 2 - 3 - 34　鱼鳞式苫盖法

③人字苫盖法：就是先用竹、木材料在货垛上搭建人字形架子，再在架子上铺放苫盖材料。

④隔离苫盖法：就是在席片苫盖法的基础上，将席片下部向货垛反卷并钉牢，在席片与货垛之间形成一定的空隙，可以起到散热、散潮的作用，适用于苫盖怕热、怕潮的物品。

⑤活动棚架苫盖法：根据货垛的形状用钢材、木材制作成有轮子的活动棚架，在棚架上面及四周用苫盖材料铺牢围好，用时将活动棚架移动到货垛上。

2. 垫垛技术

垫垛是指在物品码垛前，在预定的货位地面位置，使用衬垫材料进行铺垫。常见的衬垫物有：枕木、废钢轨、货架板、木板、钢板等。

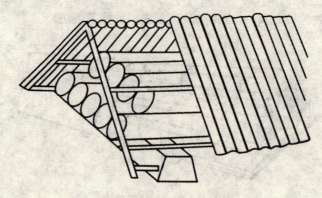

图 2 - 3 - 35　隔离苫盖法

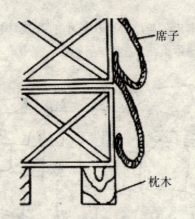

图 2 - 3 - 36　席卷反转隔离苫盖法

图 2 - 3 - 37　各种垫垛材料

注：a—枕木；b—方木；c—石条；d—水泥墩；e—防潮纸；f—防潮布；g—塑料垫板

（1）垫垛的目的

使地面平整；

使堆垛物品与地面隔开，防止地面潮气和积水浸湿物品；

通过强度较大的衬垫物使重物的压力分散，避免损害地坪；

使地面杂物、尘土与物品隔开；

形成垛底通风层，有利于货垛通风排湿；

使物品的泄漏物留存在衬垫之内，防止流动扩散，以便于收集和处理。

（2）垫垛要求

库房的货垛垫底，按商品的防潮要求决定，一般使用垫板、垫架，高度20厘米以上。有的商品可以不用垫板、垫架垫铺，只用防潮纸、塑料薄膜垫铺即可。

垫板、垫架的排列，要注意将空隙对准走道和门窗，以利通风散潮。

对露天货场的货垛垫底，应先将地面平整夯实，周围挖沟排水，再用枕木、石块、水泥墩作为垫底材料，高度不低于40厘米，在条石上铺苇席和塑料薄膜等材料。

（3）垫垛方法

①码架法；

②垫木法；

③防潮纸法。

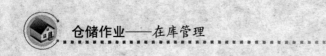

单选题

1. 下列哪项不属于垫垛方法（　　　）。

A. 码架法　　　　　　B. 人字法　　　　　　C. 垫木法　　　　　　D. 防潮纸法

多选题

2. 常见的堆码方式（　　　）。

A. 散堆方式　　　　B. 货架方式　　　　C. 成组堆码方式　　　D. 垛堆方式

判断题

3. 垛堆方式应以增加堆高，提高仓容利用率，有利于保护货物质量为原则（　　　）。

A. 正确　　　　　　B. 错误

填空题

4. ＿＿＿＿＿＿＿＿是指在货物堆码时，根据货垛的形状、底面积大小、货物保管养护的需要以及地面负重的要求，在预定的货位地面位置上，使用衬垫材料进行铺垫的作业。

5. 要把商品保管好，"五距"很重要，五距是指 ＿＿＿＿＿＿＿、＿＿＿＿＿＿＿、＿＿＿＿＿＿＿、＿＿＿＿＿＿＿和＿＿＿＿＿＿＿。

简答题

6. 货品堆码的实施原则。

1. B

2. ABCD

3. A

4. 垫垛

5. 顶炬、灯距、墙距、柱距、堆距

6. 货品堆码的实施原则：

（1）轻起轻放，大不压小，重不压轻。标志直观清晰，标签朝外，箭头向上。

（2）四角落实，整齐稳当。

（3）通道宽度适当，方便作业。

（4）分类存放。

（5）按先进先出顺序堆码。

（6）袋装货物定型码垛，重心应倾向垛内；纸箱包装货物箱口向上；大体积箱装货物分层堆码时，上层要对准下层货物的立柱后方可压放；桶装货物要封口向上；破包货物要另行堆放。

任务四 货物保管与养护

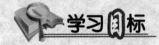

◎知识目标

了解影响仓储货物质量变化的因素

熟悉货物储存保管的基本要求

掌握货物保管和养护的基本技术和方法

◎能力目标

掌握怎样控制和调节仓库的温湿度

能对商品霉变、虫害和锈蚀进行处理

能根据货物类型判断仓储环境是否适宜

◎情感、态度、价值观目标

培养学生严谨认真的工作态度

培养学生互相协作的团队意识

培养学生的吃苦耐劳精神、节约意识和环保意识

春节放假期间，福安物流中心的出入库作业全部暂停。福安物流中心主要存储的货物是家用电器，存储条件对货物的保管起到很重要的作用。为了提高仓库的服务质量和保障在库商品的安全，除日常仓库管理外，利用节假日期间对仓库安全、仓库卫生、仓库温湿度等各方面进行全面的检查和整改。

检查工作主要包括：检查货物保管条件是否满足要求；检查各种安全防护措施是否落实、消防设备是否正常。检查应特别注意货物温度、水分、气味、包装物的外观、货垛状态是否有异常。同时对在库货物的质量进行检验，检验的方式为：包装完好的采用抽检、包装损坏的全面进行质量检验。若无质量问题，进行重新打包，放入原来储位；若查出质量有问题，则放在缓冲区，并做详细记录，查明原因后与客户联系，协商解决方案。仓库主管王新、仓管员李鸣、理货员张海、质检员孙阳4人负责这次的检查和整改。仓库的布置如图2-4-1所示。

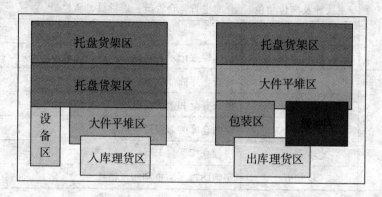

图2-4-1　仓库布置

表2-4-1　　　　　　　　　　　　　　　任务单

任务名称	完成货品保管和养护
任务要求	1. 进行在库货物质量检验 2. 检查各种安全防护措施 3. 检查和调节仓库的温湿度条件 4. 对仓库地面、墙面、屋顶进行全面的打扫 5. 实施仓库防霉、防虫和防鼠措施
任务成果	1. 货物质量检验结果 2. 安全和消防设备等检查结果 3. 仓库温湿度条件是否符合货物存储条件，若不符合，处理措施和结果 4. 仓库的霉变和虫鼠情况，对其防护实施的措施

针对本任务，分析相关内容如下：

表2-4-2　　　　　　　　　　　　　　　准备内容

项目		准备内容
环境准备	设备/道具	货物、货架、爬梯、托盘、温湿度测量仪器、灯具、扫把、拖布、清扫车、消防设备、老鼠夹、化学药剂等

— 109 —

续　表

项目		准备内容
环境准备	主要涉及岗位角色	仓库主管、仓管员、理货员、质检员
	软件	无
	涉及单据	仓库检查记录表、商品异状情况表
制订计划	步骤一	检查在库商品质量
	步骤二	检查安全和消防设备
	步骤三	控制仓库的温湿度
	步骤四	清扫仓库
	步骤五	实施防霉、防虫和防鼠措施

一、货物保管养护的含义

在货物储存过程中，对其所进行的保养和维护工作，称为货物的养护。货物养护是一项综合性、科学性应用技术工作。货物由生产部门进入流通领域后，需要分别对不同性质的货物，在不同储存条件下采取不同的技术措施，以防止其质量劣化。由于构成产品的原料不同，性质各异，受到相关自然因素影响而发生质量变化的规律与物理、化学、生物、微生物、气象、机械、电子、金属学等多门学科有密切的联系，所以，从事货物库存的工作人员要掌握相关知识，才能保护好库存货物。

货物养护的目的就是认识货物在储存期间发生质量劣化的内外因素和变化规律，研究采取相应的控制技术，以维护其使用价值不变，避免受到损失，保障企业经济效益的实现。同时还要研究制定货物的安全储存期限和合理的损耗率，以提高企业管理水平。

"预防为主，防治结合"是货物养护的基本方针。货物养护的基本任务就是面向库存货物，根据库存数量多少、发生质量变化速度、危害程度、季节变化，按轻重缓急分别研究制定相应的技术措施，使货物质量不变，以求最大限度地避免和减少货物损失，降低保管损耗。

货物养护来源于实践，通过实践研究成果上升到理论再指导实践，才能使养护技术不断得到提高、创新和发展。货物养护工作就是针对货物的不同特性积极创造适宜的条件，采取适当的措施，以保证货物储存的安全，保证货物质量和品质，减少货物的损耗，节约费用开支，为企业创造经济效益和社会效益。

二、影响货物质量变化的因素

影响库存货物质量的因素很多，主要有两个方面：一是货物内在的因素，二是货物外在的因素。外在因素通过内在因素而起作用，对此我们必须有全面的了解，方能掌握库存货物变化的规律，科学地进行货物保管工作。

1. 货物质量变化的内在因素

货物在储存期间发生各种变化，起决定作用的是货物本身的内在因素。因为货物的组织结构、化学成分及理化性质等，所有这些都是在制造中决定了的，在储存过程中，要充分考虑这些性质和特点，创造适宜的储存条件，减少或避免其内部因素发生作用而造成货物质量的变化。引起货物质量变化的内在因素主要有以下几个方面：

（1）货物的化学性质

指货物的形态、结构以及货物在光、热、氧、酸、碱、湿度、温度等作用下，发生改变货物本质的性质。与货物储存密切相关的货物的化学性质包括：货物化学稳定性、毒性、腐蚀性、燃烧性、爆炸性等。

（2）货物的物理性质

货物的物理性质主要包括导热性、耐热性、吸湿性、含水率、吸湿率、透气性、透湿性、透水性。物理性质是决定和判断货物品质、种类的依据，也能反应货物种类、品种的特征，特别是能判断许多食品品质优次和正常与否。

（3）货物的机械性质

指货物的形态、结构在外力作用下的反应。货物的这种性质与其质量关系极为密切，是体现适用性、坚固耐久性和外观的重要内容。主要包括货物的弹性、塑性、强度等。

2. 货物质量变化的外在因素

货物质量变化的外在因素，可分为自然条件因素和社会因素两大类。

自然条件因素主要有：

（1）温湿度

温度的变化会使物质微粒的运动速度发生变化，高温能促进货物挥发、渗漏、熔化等物理变化及一些化学变化，低温易引起货物的冻结、沉淀等变化，同时温度适宜时会给微生物和仓库害虫的生长和繁殖创造有利条件；同样，湿度的变化也会引起货物的含水量、化学成分、外形或体态结构发生变化，所以在货物保管与养护过程中，一定要控制和调节仓储的温湿度，尽量创造适合货物储存的温湿度条件。

（2）日光照射

太阳光含有热量、紫外线、红外线等，对货物起着正反两方面的作用：一方面，日光能加速受潮货物的水分蒸发，杀死微生物和货物害虫，是有利于货物的养护的；另一方面，某些货物在光的照射下，会发生物理化学变化：如挥发、老化、褪色等。所以要根据不同货物特点，注意避免或减少日光的照射。

（3）臭氧和氧的作用

仓库内一定量的臭氧可以高效、快速、广谱的杀菌，也能够起到货物防护保鲜的作用，但是若含量过高，对人和物都会造成损伤；氧很活跃，空气中21%左右的气体是氧气，能和许多货物发生作用，对货物质量变化影响很大，所以，在货物保管养护中，要对受臭氧和氧影响较大的货物，采取方法进行隔离。

（4）有害气体的影响

有害气体主要来自燃料燃放时放出的烟尘以及工业生产过程中产生的粉尘、废气。货物储存在有害气体浓度大的空气中，其质量变化明显，特别是金属货物，必须远离二氧化硫气体的发源地。

（5）微生物及虫鼠害的侵害

微生物和虫鼠会使货物发生霉腐、虫蛀现象。微生物可使货物产生腐臭味和色斑霉点，影响货物的外观，同时使货物受到破坏、变质、丧失其使用或食用价值。虫鼠在仓库不仅蛀食动植物性货物和包装，有的还能危害塑料、化纤等化工合成货物，甚至毁损仓库建筑物。

（6）卫生条件

卫生条件不好，不仅使灰尘、油垢、垃圾等污染货物，造成某些物品外观瑕疵和感染异味，而且还为微生物、仓库害虫创造了活动场所，所以在储存过程中，一定要搞好储存环境卫生，保持货物本身的卫生，防止货物间的感染。

另一个引起货物质量变化的外在因素就是社会因素，主要包括：国家的方针政策、生产经济形势，技术政策和企业管理、人员素质以及规章制度等。这些因素影响货物的储存规模、储存水平及储存时间，对储存质量具有间接影响。

所有这些影响因素，都会直接或间接造成货物的变质和损坏。因此，必须采取有效措施，防止有害因素的影响，保证货物的储存安全。

三、货物储存保管的基本要求

货物只能在一定的时间内，一定的条件下，保持其质量的稳定性。货物经过一定的时间，则会发生质量变化，这种情况在运输和储存中都会出现。而且由于货物的不同，其质量变化的快慢程度也不同。由于货物本身和储运条件决定货物质量的变化快慢，同时也决定了货物流通的时间界限。越容易发生质变的货物，它对储运条件要求得就越严格，它的空间流通就越狭窄，它的销售市场就越带有地方性。因此，易发生变质的货物，对它的流动时间限制就越大，就越需要对它进行保管与养护。

货物的保管与养护是流通领域各部门不可缺少的重要工作之一，应在此过程中贯彻"以防为主、防重于治、防治结合"的方针，达到最大限度地保护货物质量，减少货物损失的目的。"防"是指不使货物发生质量上的降低和数量上的减损，"治"是指货物出现问题后采取救治的方法，"防"和"治"是货物保管养护不可缺少的两个方面。

具体来讲，应做好以下几个方面的工作：

1. 严格验收入库货物

首先要严格验收入库货物，弄清货物及其包装的质量状况，防止货物在储存期间发生各种不应有的变化。对吸湿性货物要检测其含水量是否超过安全水分，对其他有异常情况的货物要查清原因，针对具体情况进行处理和采取救治措施，做到防微杜渐。如果是危险货物入库，如：爆炸性物品、氧化剂、遇水燃烧物品、压缩气体和液化气体、易燃液体、易燃固体、腐蚀性物品、毒害性物品、放射性物品，必须包装完整，重量正确，并标有符合货物品名和危险性质的明显标记。

2. 适当安排储存场所

由于不同货物性能不同，对保管条件的要求也不同。如怕潮湿或易霉变、生锈的货物，应储存在干燥的仓库内；易融化、挥发的货物，应储存在温度较低的仓库内。而且，性能相互抵触或易串味货物也不能在同一库房混存，以免相互产生不良影响。尤其对于化学危险物品，要严格按照有关部门的规定，分区分类安排储存地点。

3. 妥善进行堆码苫垫

地面潮气对货物质量影响很大，要切实做好货垛下垫垛隔潮工作，存放在货场的货物，货区四周要有排水沟，以防积水流入垛下；货垛周围要遮盖严密，以防雨淋日晒。应根据各种货物的性能和包装材料，确定货垛的垛形与高度，并结合季节气候等情况妥善堆码。含水率较高的易霉货物，热天应码通风垛；容易渗漏的货物，应码间隔式的行列垛。

除此之外，库内货物堆垛时应留出适当的距离，按货垛"五距"的规范要求，货垛的"五距"指：垛距，墙距，柱距，顶距和灯距。顶距，照明灯要安装防爆灯，灯头与货物的平行距离不少于50厘米；墙距，外墙50厘米，内墙30厘米；柱距，一般留10～20厘米；垛距，通常留10厘米。对易燃货物还应留出适当防火距离。库房存放怕潮货物，垛底应适当垫高，露天存放更应垫高防水。同时，应视货物性质选择适宜的苫盖物料。如硫黄等腐蚀性货物，不宜用苫布盖，以用苇席苫盖为宜。

4. 控制好仓库温湿度

仓库的温湿度对货物质量变化的影响极大。各种货物由于其本身特性，对温湿度一般都有一定的适应范围，否则货物质量就会发生不同程度的变化。因此，应根据库存货物的性能要求，适时采取密封、通风、吸潮和其他控制与调节温湿度的办法，力求把仓库温湿度保持在适应货物储存的范围内，以维护货物质量安全。

5. 认真对货物进行在库检查

做好货物在库检查，对维护货物安全具有重要作用。库存货物质量发生变化，如不能及时发现并采取措施进行救治，就会造成或扩大损失。因此，对库存货物的质量情况，应进行定期或不定期的检查。

6. 保持好仓库清洁卫生

储存环境不清洁，易引起微生物、虫类滋生繁殖，危害货物。因此，对仓库内外环境应经常清扫，彻底铲除仓库周围的杂草、垃圾等物，必要进使用药剂杀灭微生物和潜伏害虫。对容易遭受虫蛀、鼠咬的货物，要根据货物性能和虫鼠的生活习性及危害途径，及时采取有效的防治措施。

四、货物保管和养护的技术和方法

1. 通风

通风是指根据大气自然流动的规律，有计划、有目的地使库内外空气对流与交换的手段，是调节库内湿度和湿度，净化库内空气的有效措施。仓库通风可分为自然通风（如设置通设备）和强迫通风（如安装排气扇和空气调节器）两种方式。

2. 控温

控制货物储存环境的温度，对防止货物变质、膨胀爆炸或自燃等有着积极的作用。一般来说，降低温度的措施有：加强货物通风（如翻仓、倒垛等）；避免货物受到日光直射；对货物或货垛覆盖物进行洒水降温；在货垛内放置冰块、释放干冰；注意仓库热源的使用等。在严寒季节里，可以采用保暖苫盖与加温设备对货物进行防冻处理。

3. 控湿

空气除湿的方法主要有：利用冷却法使水汽在露点温度下凝结分离；利用压缩法提高水汽压力，使之超过饱和点成为水滴而被分离除去；使用吸附法，通过生石灰、木炭、硅胶等物质吸收空气中的水分来除湿。此外，密封货垛、通风升温、擦拭水露等措施对降低湿度也有一定的作用。在高温干燥的季节里，可以采取洒水、喷水雾等方式增加库房空气湿度，以减少湿度过低可能对货物造成的不利影响。

4. 密封

密封货物对于货物防潮、防尘等具有积极的作用。密封的常用方法有整库密封、小室密封、按垛密封、按货架密封以及按件密封等。一股密封的材料必须干燥、清洁、无异味，通常可以选择塑料薄膜、防潮纸、油毡纸、芦席等。密封储存应选择在相对湿度较低的时节进行，同时注意做好密封前的检查工作，对于质量有问题（如生霉生虫）和含水量超标的货物不宜密封。

5. 防霉腐

防霉腐的措施主要有控制温湿度、密封货物、使用防腐剂等。若货物已经出现霉腐现象，应立即采取救治措施，如进行翻垛挑选，将霉腐货物与正常货物进行隔离，并根据霉腐情况、货物性质、设备条件等，采取熏蒸、晾晒、烘烤、加热消毒或紫外线灭菌等方式进行处理。

6. 防锈蚀

防止金属货物发生锈蚀，首先要保持库房和金属货物表面的干燥，同时还要做好货物的"密封包装"工作，也就是通过在金属货物表面连续、均匀地涂封油脂薄膜、油漆、可剥性塑料或者使用气相缓蚀剂来隔离空气中的氧气、水，避免其与金属货物直接接触而发生化学反应。若金属货物已发生锈蚀，应尽快除锈，以防止货物继续锈蚀造成的更大损失。目前除锈的方法有三种：通过擦、刷、磨方式的手工除锈；通过滚筒或抛光机进行的机械除锈；利用无机酸等溶剂溶解锈蚀物的化学除锈。

7. 防虫

原材料货物防虫，可采取沸水烫煮、汽蒸、火烤等方法，如竹、木；对某些易遭虫蛀的货物，可在其包装或货架内投入驱避药剂，如天然樟脑或合成樟脑等。此外，还可以使用各种化学杀虫剂，通过喂毒、触杀或熏蒸等作用杀灭害虫，这也是当前防治仓库害虫的主要措施。

五、在库货物检验

仓储部门对储存期内易发生质量变化的商品所进行的定期检验，目的是及时掌握库存商品的质量变化状况，达到安全储存目的。检验的方法很多，通常分为感官检验法、理化检验法、生物学检验法等。

1. 感官检验法

它是借助人的感觉器官的功能和实践经验来检测评价商品质量的一种方法。也就是利用人的眼、鼻、舌、耳、手等感觉器官作为检验器具，结合平时积累的实践经验对商品外形结构、外观疵点、色泽、声音、气味、滋味、弹性、硬度、光滑度、包装和装潢等的质量情况，并对商品的种类品种、规格、性能等进行识别。主要有：视觉检验、听觉检验、味觉检验、嗅觉检验、触觉检验。

感官检验法在商品检验中有着广泛的应用，并且任何商品对消费者来说总是先用感觉器官来进行评价质量的，所以感官检验十分重要。感官检验法的特点：

（1）方法简单，快速易行。

（2）不需复杂、特殊的仪器设备和试剂或特定场所，不受条件限制。

（3）一般不易损坏商品。

（4）成本较低。

感官鉴定法在商品鉴定中有着广泛的应用，并且任何商品对消费者来说总是先用感觉器官来进行评价质量的，所以感官鉴定十分重要。因此在工业和商业的产、供、销过程中经常使用这种方法。

2. 理化检验法

是在实验室的一定环境条件下，借助各种仪器、设备和试剂，运用物理、化学的方法来检测评价商品质量的一种方法。它主要用于检验商品的成分、结构、物理性质、化学性质、安全性、卫生性以及对环境的污染和破坏性等。理化鉴定法的特点：

（1）检验结果精确，可用数字定量表示；（如成分的种类和含量、某些物理化学、机械性能等）；

（2）检验的结果客观，它不受检验人员的主观意志的影响，使对商品质量的评价具有客观而科学的依据；

（3）能深入地分析商品成分内部结构和性质，能反映商品的内在质量。

3. 生物学检验法

是通过仪器、试剂和动物来测定食品、药品和一些日用工业品以及包装对危害人体

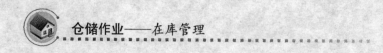

健康安全等性能的检验。

检验商品品质需采用的检验方法因商品种类不同而异，有的商品采用感官检验法即可评价质量（如茶叶），有的商品既需要采用感官检验法，也采用理化检验法（如搪瓷），有的商品需以理化检验的结论作为评价商品质量的依据（如钢材）。要使商品检验的结果准确无误，符合商品质量的实际，经得起复验，就要不断提高检验的技术和经验，采用新的检验方法和新的检测仪器，随着科技发展，使理论检验方法向着快速、准确、少损（或无损）和自动化方向发展。

步骤一：检查在库商品质量

为了了解和掌握商品在保管过程中的质量变化情况，仓管员和理货员重点对以下商品进行检查：入库时已发现问题的商品；性能不稳定或不够熟悉的商品；已有轻微异状尚未处理的商品；储存时间较长的商品；包装发生破漏或霉变的商品。检查完毕后填写"仓库检查记录表"，如表所示：

检查商品时要从最易发生问题的地方入手，如近窗、沿墙、垛底、垛心等处，特别注意商品温度、水分、气味、包装物外观、货垛状况是否有异常。

表 2 - 4 - 3   仓库检查记录表

序号	检查项目	日　期	2013. 2. 8
		检查结果	备　注
1	库房清洁		
2	作业通道		
3	货物状态		
4	库房温度		
5	相对湿度		
6	库房照明		
7	用具管理		
8	托盘维护		
9	消防通道		
10	消防设备		
11	库房门窗		

续　表

序号	检查项目	日　期		2013.2.8
		检查结果		备　注
12	防盗措施			
13	标志标识			
14	员工出勤			
15	安全防护			
检查人签字				

在检查过程中发现大件平堆区中有三台空调的外包装底部进水，仓管员李鸣发现此问题后立即查明原因，经仔细检查，发现这三台空调下面是下水道口，由于冬天过冷，下水道的水管出现裂缝，渗流出来的水是导致外包装进水的原因。

图 2 - 4 - 2　底部进水的货物

李鸣将此事报告给仓库主管王新，王新派质检员孙阳对这三台空调进行拆包检查，由于发现问题及时，空调只是外包装进水，由于内部还有一层塑料保护包装，并没有进水，经检验，质量没有问题。仓管员李鸣更换了下水道中破裂的水管，将拆包的三台空调进行重新包装，并在下水道口处设立标志，不再放置货物，而且将其作为以后日常检查的重点项目。

仓管员李鸣和理货员张海对所有货物的外包装进行了彻查，除一台电视机的外包装破损外，其他均包装完好。质检员孙阳对外包装检查没有问题，但是存储时间长的货物和易损坏的货物，采用每种抽查两台的方式，打开外包装进行质量检验。孙阳经检验，发现货物均无问题，通知仓管员李鸣重新打包后放回原位。外包装破损的电视机，功能没有受到影响，但是电视机外壳有磨损，影响后期的销售，仓库主管王新通过与客户联系，双方同意下次送货时，将此台电视机带回返修。王新将三台空调外包装进水的事情告知客户，为了消费者的利益，客户非常谨慎，通知仓库将这三台空调与电视机一并带回，进行全面的质量检验。客户对仓库实事求是的态度非常认可，这次决定不追究仓库的责任。但是如果下次出现类似情形，属于仓库责任的要进行全额赔偿。

仓库主管王新通知仓管员李鸣将外包装破损的电视机和外包装进水的 3 台空调放入货物缓冲区，下次客户送货时将此货物带回。李鸣将货物放入缓冲区后，填写"商品异状情况表"，如表 2 - 4 - 4 所示：

表 2 - 4 - 4　　　　　　　　商品异状情况表　　　　　时间：　2013 年 2 月 8 日

序号	商品编码	商品名称	异状情况	处理结果
1	6900003521632	中央空调	3 台外包装进水，由于下水道渗水所致	暂时放在缓冲区，已经和客户协商好，下次送货时带回
2	6900368796536	电视机	1 台外包装破损，其外壳磨损，搬运所致	暂时放在缓冲区，已经和客户协商好，下次送货时带回

仓管员：＿＿李鸣＿＿　　　　　　　　　　　　　　质检员：＿＿＿孙阳＿＿＿

步骤二：检查安全和消防设备

仓库的安全工作做得非常认真，除有专人每天巡逻外，还安装了防盗报警系统，仓管员李鸣对报警系统进行了检查和测试，测试后发现系统运行良好，对于非正常进入仓库能进行及时报警。如图 2 - 4 - 3 所示。

仓库安装火灾自动报警设备，经测试设备良好，对火源能进行有效地探测和报警。如图 2 - 4 - 4 所示。

由于仓库中存储的货物是家用电器，价值高，为了防止火灾，仓库中除了备用充足的二氧化碳灭火器外，还安装了自动喷水灭火系统。仓管员李鸣将超过使用期限的灭火器进行报废处理，对自动喷水灭火系统进行了检测，确定灭火器和自动喷水灭火系统均能正常工作。

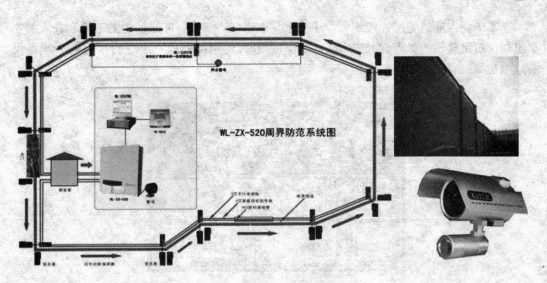

图 2 - 4 - 3 防盗报警设备

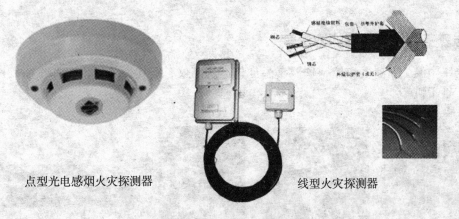

点型光电感烟火灾探测器 线型火灾探测器

图 2 - 4 - 4 火灾自动报警设备

图 2 - 4 - 5 二氧化碳灭火器

图 2 - 4 - 6 自动喷水灭火系统

仓库消防主通道宽度一般不得少于 2 米，通道保持畅通。库区的消防车道和仓库的安全出口、疏散楼梯等处严禁堆放物品。李鸣对仓库的消防通道一一进行了排查，确保没有堆放货物。

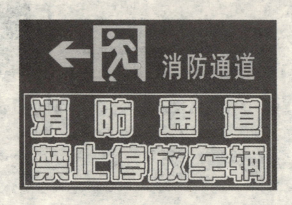

图 2-4-7　消防通道

步骤三：控制仓库的温湿度

仓库中温湿度测量和控制仪器有温度仪、测潮仪、空气调节器、风幕、抽风机、去湿机、烘干机等。

图 2-4-8　仓库温湿度测量和控制仪器

表2-4-5　　　　　　　　　　部分货品的安全温度和安全相对湿度表

货品名称	安全温度/℃	安全相对湿度	货品名称	安全温度/℃	安全相对湿度
金属制品	5~30	75%以下	仪表电器	10~30	70%
玻璃制品	35以下	80%以下	汽油煤油	30以下	75%以下
橡胶制品	25以下	80%以下	树脂油漆	0~30	75%以下
皮革制品	5~15	60%~75%	卷烟	25以下	55%~70%
塑料制品	5~30	50%~70%	食糖	30以下	70%
棉织品	20~25	55%~65%	干电池	-5~25	80%以下
纸制品	35以下	75%以下	洗衣粉	35以下	75%以下

为防止家用电器发生质量变化，应保持库房干燥、凉爽、通风；温度控制在30℃以下，相对湿度在75%以下，这样更有利于货品的储存。为了达到要求的温湿度，李鸣每天都如实填写"仓库温湿度记录表"，如表2-4-6所示：

表2-4-6　　　　　　　　　　仓库温湿度记录表

库号：　　　　　　　　　　　　　　　　　　　　　　储存货品：家用电器

时间	天气	上午					下午					备注
		温度（℃）		湿度（%）		调节措施	温度（℃）		湿度（%）		调节措施	
		库内	库外	库内	库外		库内	库外	库内	库外		

冬季北方干燥寒冷，仓库的湿度在30%左右，温度-5℃~5℃，均符合仓储要求。

步骤四：清扫仓库

仓库地面清扫采用清扫车，对于货架底部和角落等清扫车难以清扫的位置，仓库人员采用拖把和扫帚进行清扫，同时对墙面和屋顶的虫网和灰尘进行全面的清扫。

图2-4-9　仓库清扫

步骤五：实施防霉、防虫和防鼠措施

为防霉，仓库在阳光充足的天气会进行通风，对于潮湿库区进行烘干处理。若货物出现霉变，立即采取措施，进行翻垛挑选，与正常货物进行隔离，采用并根据霉腐情况、货物性质、设备条件等，采取熏蒸、晾晒、烘烤、加热消毒或紫外线灭菌等方式进行处理。

仓库防治害虫的主要措施是使用各种化学杀虫剂，通过喂毒、触杀或熏蒸等方式杀灭害虫。在夏季多虫季节，用灭虫灯辅助灭虫。

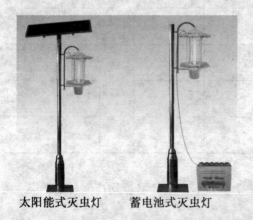

太阳能式灭虫灯　　蓄电池式灭虫灯

图2-4-10　害虫防治

老鼠是仓库重点防治的对象，仓库定时定点投放老鼠药，在一些重点防鼠区，还应放置老鼠笼和老鼠夹。

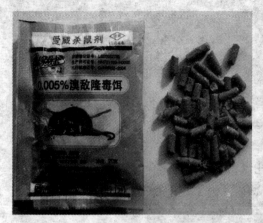

图 2 - 4 - 11　仓库老鼠防治

表 2 - 4 - 7　　　　　　　　　　　　　任务评价

班级			姓名		小组			
任务名称				订单拣货				
考核内容		评价标准			参考分值	考核得分		
		优秀	良好	合格		自评（10%）	互评（30%）	教师评价（60%）
1	活动参与情况	积极观摩模仿，及时按任务要求做，认真分析总结	按时完成任务要求积极观摩模仿	能够参加任务活动认真观察思考	20			
2	技能掌握情况	了解拣货流程，能选择合理的拣货方式，准确高效地完成拣货作业和打包作业，并进行拣货复核	了解拣货流程，能选择合理的拣货方式，准确地完成拣货作业和打包作业	了解拣货流程和拣货方式，能根据订单完成拣货作业和打包作业	40			
3	总结归纳相应知识情况	积极参加总结讨论，观点鲜明、新颖、独特	能够参加讨论总结，有自己的观点	有自己的见解；但需要通过总结修正自己的观点	40			
总体评价					总分			

知识拓展

一、商品保管与养护设备

1. 保管设备

常见的存储设备包括各种类型的货架、托盘、自动化立体仓库系统等。

托盘货架

流利式货架

悬臂式货架

阁楼式货架

贯通式货架

图 2-4-12 存储设备—货架

自动化立体仓库是一种利用高层立体货架（托盘系统）储存物资，用电子计算机控制管理和用自动控制堆垛运输车进行存取作业的仓库。

2. 计量设备

是对物品的重量、长度、数量、容积等量值进行度量的器材、仪器的总称。

平式托盘

箱式托盘

柱式托盘

轮式托盘

图 2 - 4 - 13　存储设备—托盘

图 2 - 4 - 14　自动化立体仓库

图 2 - 4 - 15　计量设备

3. 养护检验设备

是指物品在仓库中完成保管而进行的养护作业所需要的各种机械设备。

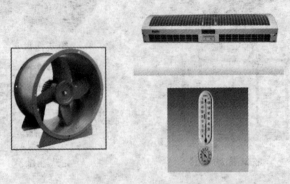

图 2 – 4 – 16　养护检验设备

4. 通风保暖照明设备

图 2 – 4 – 17　通风保暖照明设备

5. 烘干机

主要用于选矿、建材、冶金、化工等部门烘干一定湿度或粒度的物料。

图 2 – 4 – 18　烘干机

6. 养护检验设备

温度仪、测潮仪、空气调节器、商品质量化验仪器、吸潮仪。

图 2 - 4 - 19　养护检验设备

7. 风幕（也称空气幕）

其作用是防止库外冷、热气流侵入；保持库内一定的相对湿度而不受库外气象条件的影响；防止尘埃、虫害入侵等。

图 2 - 4 - 20　风幕

维护保养：

（1）整齐：工具、工件、附件放置整齐；安全防护装置齐全；线路管道完整。

（2）清洁：设备内外清洁，各部位不漏油、不漏水、不漏气、不漏电。

（3）安全：熟悉设备结构和遵守操作规程，合理使用设备、精心维护设备、防止发生事故。

二、仓库保管消防栓

消火栓（又名消防栓），是一种固定消防工具，它的主要作用是控制可燃物、隔绝助燃物、消除着火源。

1. 消火栓的标志

"HR" 为 Hose Reel 或 Hydrant Reel 的缩写。

图2－4－21　消火栓的标志

2. 消火栓的分类

根据设置位置不同可分为：室内消火栓和室外消火栓。

3. 室内消火栓

室内消火栓是指设置在建筑物内消防给水管网上的一种给水设施。如图2－4－22、图2－4－23所示。

图2－4－22　室内消火栓

4. 室外消火栓

室外消火栓是指设置在市政给水管网和建筑物外消防给水管网上的一种给水设施。

室外消火栓按其结构不同分为地上式消火栓和地下式消火栓两种，以适应设置环境的要求。如图2－4－24所示。

5. 消火栓的使用方法

（1）室内消火栓的使用方法

打开箱门，按下按钮，取出水枪，拉出水带，充分展开，连接接口，转动手轮，把持枪头，对准起火根部，喷水灭火。

（2）室外消火栓的操作方法为：

第一步将消防水带铺开；

第二步将水枪与水带快速连接；

第三步连接水带与室外消火栓。连接完毕后，用室外消火栓专用扳手逆时针旋转，把螺杆旋到最大位置，打开消火栓。

单出口（单栓阀）   双出口（单栓阀）   双出口（双栓阀）
室内消火栓   室内消火栓   室内消火栓

图 2 - 4 - 23　室内消火栓分类

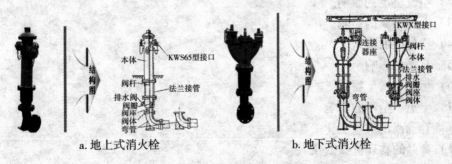

a. 地上式消火栓   b. 地下式消火栓

图 2 - 4 - 24　室外消火栓结构图

　　室外消火栓使用完毕后，需打开排水阀，将消火栓内的积水排出，以免结冰将消火栓损坏。

　　6. 消火栓的放置位置

　　消火栓应该放置于公共的共享空间中，要求有醒目的标注（写明"消火栓"），并不得在其前方设置障碍物，避免影响消火栓门的开启。

　　7. 消火栓的维护保养

　　（1）应做到各组成设备经常保持清洁、干燥，防锈蚀或无损坏。

　　（2）为防止生锈，消火栓转动部位应经常加注润滑油。

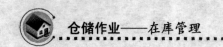

（3）设备如有损坏，应及时修复或更换。

（4）日常检查时如发现消火栓四周放置影响消火栓使用的物品，应进行清除。

三、商品质量的影响因素

1. 商品养护的含义

养护是指物品的保养和维护。

商品养护，是指根据商品的性能和存储场所的具体保管条件，对商品采取有效的科学的质量控制措施，以保持商品原有使用价值的一系列仓库作业技术活动。

商品养护重在"防"和"治"。养护的重要原则是"以防为主。"

2. 商品本身的特性对保养维护工作的影响

（1）理化性质。

（2）加工程度。

（3）品种、批号。

（4）价值。

（5）用途。

3. 自然因素的影响

自然因素是在库商品发生质量或数量变化的外因。主要包括以下内容：

（1）空气温度的影响（气温的影响）。

（2）空气湿度的影响。

（3）空气污染的影响。

（4）空气中的氧。

（5）日光的影响。

（6）生物、微生物的影响。

（7）尘土、杂物的影响。

4. 库存商品的质量变化

（1）商品的物理机械变化

商品常发生的物理机械变化主要有挥发、融化、熔化、渗漏、串味、冻结、沉淀、玷污、破碎与变形等。

（2）商品的化学变化

商品的化学变化有分解、水解、氧化、锈蚀、化合、聚合、裂解、风化、老化、陈化等。

（3）生物变化及其他生物引起的变化

这些变化主要有呼吸、发芽、胚胎发育、后熟、霉腐、发酵、虫蛀和鼠咬等。

5. 影响商品质量变化的原因

（1）影响商品质量变化的内因

①物理性质。这主要指吸湿性、导热性、耐热性、透气性等。

②机械及工艺性质。机械性质是指商品的形态、结构在外力作用下的反应。主要包括商品的弹性、强度、硬度、韧性、脆性、可塑性等。商品的工艺性质是指商品的加工程度和加工精度等。

③商品的结构形态。主要指商品的固态、液态和气态。

④商品的化学性质。是指商品的结构以及商品在光、热、氧、酸、碱、温度湿度作用下，发生改变商品本质的性质。即主要有化学稳定性、毒性、燃烧性、爆炸性、腐蚀性。

商品的化学成分。主要指无机成分的商品、有机成分的商品、商品成分中的杂质。

（2）影响商品质量变化的外因

影响商品质量变化的外因主要是自然因素和人为因素。

①自然因素。主要包括温度、湿度、日光、大气、生物、微生物、自然灾害等。

②人为因素。是指人们未按商品自身特性的要求或未认真按有关规定或要求作业，甚至违反操作堆积而使商品受到损害和损失的情况。

（3）储存期

商品在仓库中停留的时间越长，受外界因素影响发生变化的可能性就越大，发生变化的程度越深。

四、仓库温湿度控制

1. 温湿度的概念

（1）空气温度

①含义：空气温度是指空气的冷热程度，又称气温。

气温用温度表来测定，温度表按其所表示方法不同分为摄氏和华氏两种。

摄氏的结冰点为 0 度，沸点为 100 度。中间分为 100 个等份，每 1 等份为 1 度。用"℃"表示。我国法定采用摄氏温标。

②温度的测定

测定温度的仪器有以下几种：

a. 普通温度计。

b. 最高、最低温度计。

c. 自记温度计。

d. 半导体点温计。

（2）空气湿度

空气湿度是用来表示空气中的水汽含量和潮湿程度的物理量。表示空气的湿度有以下几种方法：

①绝对湿度。

②饱和湿度。

③相对湿度。

空气的绝对湿度、饱和湿度、相对湿度与温度之间有着相应的关系。仓储环境的湿度常用相对湿度表示，相对湿度在 70% 以上称为高气湿，低于 30% 称为低气湿。

④露点。

露点是指含有一定量水蒸气（绝对湿度）的空气，当温度下降到一定程度时，所含有的水蒸气就会达到饱和状态（饱和湿度）并开始凝结成水，这种现象叫做结露。水蒸气开始液化成水时的温度叫做露点温度，简称"露点"。

如果温度继续下降到露点以下，空气中超饱和的水蒸气，就会在商品或其他物料的表面凝结成水滴，此现象称为"水淞"，俗称"出汗"。

2. 温湿度的变化

（1）库外温湿度的变化

绝对湿度通常随气温升高而增大，随气温降低而减小。

空气中的相对湿度变化和气温正相反，它是随着气温的升高而降低。

（2）库内温湿度的变化

一般库内温度变化落后于库外，夜间库内温度比库外高，白天库内温度比库外低。所以常采用夜间通风。

库内湿度通常随库外湿度变化而变化。

3. 温湿度计的使用，选择与合理设置

（1）干湿球温度计。

（2）毛发湿度计。

（3）通风湿度计。

4. 空气温湿度与商品质量的关系

（1）商品的安全水分（保管员）。

（2）商品的安全温度。

（3）商品的安全相对湿度。

5. 库内温湿度控制和调节方法

（1）空气湿度的调节与控制方法。

（2）空气温度的调节与控制方法。

（3）梅雨期的温湿度管理。

五、商品养护的技术和方法

1. 商品养护的概念和意义

商品保养，是指根据商品的性能和存储场所的具体保管条件，对商品采取有效的科学的质量控制措施，以保持商品原有使用价值的一系列仓库作业技术活动。

商品保养的目的是抑制和延缓商品质量的变化，尽量保全商品原有的使用价值，力求数量完整、质量完好，使库存商品经常处于待发状态，及时满足用户对商品的需求。

2. 商品质量变化的预防措施

（1）严格验收入库商品。

（2）适当安排储存场所。

（3）妥善进行苫垫。

（4）控制好仓库温湿度。

（5）认真进行商品在库检查。

（6）搞好仓库清洁卫生。

3. 仓储商品防霉

商品霉腐指商品在储存期间，受到某些微生物的作用所引起的生霉、腐烂、腐败和腐臭等质量变化的现象。

霉腐的过程，也是微生物在商品体上摄取营养物质，排泄代谢产物的过程。

商品霉腐的条件：

（1）有霉腐微生物来源。

（2）商品体具有霉腐微生物所需的营养物质。

（3）具备适合霉腐微生物生长繁殖的环境条件。

三者缺一不可。

微生物的概念：

（1）微生物的含义。

（2）微生物的特点。

（3）微生物的品种。

（4）影响微生物生长的环境因素。

仓储商品霉腐的防治方法：

（1）商品霉腐的预防

①加强仓储管理。

②药物防霉腐。

③气相防霉腐。

④低温冷藏防霉腐。

⑤干燥防霉。

（2）商品霉腐的救治

对于已经发生霉腐并且可以救治的商品，应立即采取措施进行救治，其方法有：

①暴晒和摊晾。

②烘烤。

③药剂熏蒸灭菌。

④紫外线灭菌。

⑤刷霉。

⑥加热灭菌。

4. 仓库害虫的防治

仓库害虫，简称仓虫。现在全世界已定名的仓虫约有 600 多种，在我国有记载的有 223 种之多，害虫破坏性大，危害范围广，造成商品蛀坏、污染、损失严重。

（1）仓库内害虫的来源

①商品入库前已有害虫潜伏在商品之中。

②商品包装材料内隐藏害虫。

③运输工具带来害虫。

④仓库内本身隐藏有害虫。

⑤仓库环境不够清洁。

⑥邻近仓间或邻近货垛储存的生虫商品，感染了没有虫的仓间或商品。

⑦储存地点的环境影响。（麻雀飞入、老鼠窜入等）

（2）仓库害虫的生活特性

①适应性强。

②食性广杂。

③活动隐蔽。

④繁殖力强。

⑤趋光性。

（3）仓库中主要害虫

图 2 - 4 - 25　仓库中主要害虫

（4）仓库害虫的防治

①物理防治方法

是指利用自然或人为的高温、低温及电离辐射等作用于害虫机体，破坏害虫的生理机能和虫体结构使害虫致死。主要方法有：

a. 灯光诱集。

b. 高温杀虫。

c. 低温杀虫。

d. 电离辐射杀虫。

e. 高频回执和微波加热灭虫。

f. 气调防治。

g. 清洁卫生防治。

②化学防治方法。

驱避剂：常用驱避剂药物有精萘、对位二氯化苯、樟脑精等。

熏蒸剂：常用的有氯化苦、溴甲烷、磷化铝、磷化锌、磷化钙。

杀虫剂：敌敌畏、美曲膦酯（敌百虫）。

5. 金属商品的锈蚀防治

（1）金属商品锈蚀的含义

金属商品锈蚀，是指金属商品表面在环境介质的作用下，发生化学与电化学作用，而遭受破坏的现象。

可分为化学腐蚀和电化学腐蚀两大类型。

化学腐蚀与电化学腐蚀的区别在于前才是无电流产生的氧化还原过程，后者是产生电流的氧化还原过程。

（2）金属商品锈蚀的环境因素

①影响金属商品锈蚀的内因：

金属化学性质越活泼越易受周围腐蚀；金属表面粗糙比光洁度高的金属易腐蚀。

②影响金属商品锈蚀的环境因素

空气相对湿度的影响；温度的影响；氧气的影响；有害气体与杂质的影响。

（3）简便易行的防锈方法

①涂油防锈。

②气相防锈。

③可剥性塑料封存。

（4）金属商品的除锈

①手工除锈。

②机械除锈。

③化学除锈。

6. 仓储商品老化及其防治

商品老化是指各种分子化合物，在储存和使用中，受到外界环境因素的影响，发生一些异状变质，逐渐丧失使用价值的过程。

（1）商品老化的特征

①外观表现：失光、变色、斑点、粉化、起泡、剥落、银纹、拉丝、发毛以及发黏、变软、变硬、变脆、变形、龟裂等。

②物理性能表现：如密度、溶解度、折光率、透光率，以及耐寒、耐热、透气、透水等性能发生改变。

（2）商品老化的环境因素

①日光。

②热。

③氧和臭氧。

④空气相对湿度。

⑤外力。

⑥生物。

六、冷藏库管理

1. 冷藏保管的原理

冷藏是指在低温的条件下储存物品的方法。其主要适用于生鲜类商品，如鱼、肉、水果、蔬菜等易腐烂的商品。对于低温时能凝固成固态的液体流质品，也可采用冷藏的方式以利于运输、作业和销售。

冷藏保管根据控制温度不同，可分为冷藏和冷冻两种方式。

冷藏——指将温度控制在0℃～5℃进行保存，该温度下水分不致冻结，不破坏食品组织；具有保鲜作用。但微生物还有一定繁殖能力，因而保藏时间较短。

图2-4-26　需冷藏货物

冷冻——是将温度控制在0℃以下，使水分冻结，微生物停止繁殖，从而实现防腐。

冷冻又分为一般冷冻和速冻。一般冷冻采取逐步降温的方式降低温度，达到温度后停止降温，如-20℃。

速冻则是在很短的时间内将温度降到控制温度以下，如-60℃，使水分在短时间内完全冻结，然后逐步恢复到控制温度。速冻不会破坏细胞组织，具有较好的保鲜作用。

图 2 – 4 – 27　速冻仓库

2. 冷藏仓库的类型

（1）冷藏仓库按其用途不同，可分为：

生产性冷库——是生产企业产品生产过程中的一个环节。

分配性冷库——处于货物的流通领域，是为保持已经冷却或冻结货物的温度和温度条件而设置，功能是保持市场供应的连续性和长期储备的需要。

综合性冷库——是将生产性与分配性融为一体，连接产品的生产和货物的流通。

（2）根据冷库规模大小，可分为：

大型冷库（储量在 5000t 以上）、中型冷库（储量在 500 ~ 5000t）和小型冷库（储量小于 500 t）。

3. 冷库的构成

冷藏仓库一般由冷冻间、冷却货物冷藏间、分发间以及货物传输设备、压缩机房、配电房、制冰间和氨库等组成。

冷冻间：是对进入冷库的商品进行冷冻加工的场所。使货物均匀降温至预定温度，以免产生雾气，影响库房结构。也称为预冷加工库间。

冷藏间：是温度保持在 0℃ 左右的冷藏库，用于储存冷却保存的商品。

冷冻库房：是温度控制在 – 18℃ 左右，相对湿度在 95% ~ 98% 的冷藏库，用于存储冻结货物。经预冷达到冷冻保存温度的冷冻货物较长期间地保存的库房。

分发间：为控制冷冻库和冷藏库的温度、湿度，减少冷量耗损，应尽量缩短开门时间和次数，以避免库内温度波动太大。因此货物出库时应迅速将货物从冷藏或冷冻库移到分发间，在分发间进行作业，从分发间装运，分发间不能存放货物。

传输设施：用于货物在冷库内的位移，垂直位移主要用电梯，水平位移主要用皮带输送机。

4. 冷库仓储管理

（1）冷库使用

冷库要保持清洁、干燥，经常清洁、清除残留物和结冰，库内不得出现积水。冷库在投入使用后，除非进行空仓维修保养，必须保持制冷状态。

（2）货物出入库

货物入库时，除了通常仓储所进行的查验、点数外，要对送达货物的温度进行测定、查验货物内部状态，并进行详细的记录，对于已霉变的货物不接受入库。

（3）冷货作业

为了减少冷耗，货物出入库作业应选择在气温较低的时间段进行，如早晨、傍晚、夜间。

（4）冷货保管

冷库内要保持清洁干净，地面、墙、顶棚、门框上无积水、结霜、挂冰，随有随扫除，特别是在作业以后，应及时清洁。制冷设备、管系上的结霜、结冰及时清除，以提高制冷效果。

图 2 - 4 - 28　冷库

5. 冷库安全

冷库内的低温会给人的生命造成威胁，因此需要引起足够的重视。

（1）要防止冻伤。

（2）防止人员缺氧窒息。

（3）避免人员被封闭库内。

（4）妥善使用设备。

七、化学危险品仓库的管理

1. 化学危险品分类

（1）爆炸品。

（2）压缩气体和液化气体。

（3）易燃液体。

（4）易燃固体。

（5）自燃与遇湿易燃物品。

（6）氧化剂与有机过氧化物。

（7）毒害品。

（8）腐蚀品。

（9）杂类。

2. 危险品的特性

危险品是指在流通中，由于本身具有的燃烧、爆炸、腐蚀、毒害及放射线等性能，或因摩擦、振动、撞击、暴晒或温湿度等外界因素的影响，能够发生燃烧、爆炸或人畜中毒、表皮灼伤，以致危及生命，造成财产损失等危险性的商品。

图 2-4-29 危险品的运输

3. 危险品仓库的分类

按危险品仓库的隶属和使用性能，可分为甲乙两类。甲类是商业、仓储业、交通运输业、物资部门的危险品仓库，这类仓库往往储量大、品种复杂，而且危险性比较大。乙类指那些企业自用的危险品仓库。

按规模大小，可分为三级：

面积大于 9000 平方米的为大型危险品仓库；

面积在 550~9000 平方米的为中型危险品仓库；

面积在 550 平方米以下的为小型危险品仓库。

4. 危险品仓库的种类及建筑要求

危险品仓库，一般占地面积较大。在布局上，应区别各类物品的不同性能，以"安全第一"为原则，搞好区域规划。

图 2-4-30　危险品事故

5. 危险品仓库的管理

（1）货物出入库

①危险品入库，仓库管理人员要严格把关，认真检查，做好核查登记。对于问题危险品保管员有权拒收。

②剧毒化学品实行双人收发制度，送提货车辆不得进入存货区。

③货物出库时，仓库保管员需认真核对货物情况，查验货物，确保按单发货，并做好出库登记。详细记录货物流向流量。

（2）货物保管

①危险品储存方式、方法与数量必须符合国家标准。

②对危险品应实行分类分堆存放，堆垛不宜过高，垛间应留有一定间距，与库壁间距应大于 0.7m。

③危险品货物堆叠时要整齐、堆垛稳固，标志朝上，不得倒置，垛头应悬挂危险品的标志。

④要定期检查，间隔不超过 5 天。

⑤危险品实行专人管理，剧毒品实行双人保管制度，仓库存放剧毒品须向公安机关备案。发现问题要及时报案。

（3）货物装卸

①作业前应先了解所装卸危险品的危险程度、安全措施和医疗急救措施。

②严格按照有关程序和工艺方案作业。

③装卸易燃易爆货物时，装卸机械应安装熄火装置，禁止使用非防爆型电器设备。

④装卸搬运爆炸品、有机过氧货物、一级毒害品、放射性物质时，装卸搬运机都应按额定负荷降低25％使用，作业人员应穿戴相应防护用品，夜间作业应有良好的照明设备。

⑤作业现场须准备必要的安全和应急设备和用具。

（4）危险品储存过程中的安全管理

①危险品入库后，要及时记账、登卡，做到"三清"（规格清、型号清、数量清），"两齐"（库容整齐、摆放整齐），确保账、卡、物一致。

②库存危险品按规定的储存期限和储存条件，做好"十防"（防火、防爆、防冻、防热、防潮、防水、防霉、防漏、防变质、防事故），对超过储存期的物品重新检验并做好记录。

③保管员对危险品"一日三查"，即上班后、当班中、下班前检查。重点检查内容是：码垛是否牢固、包装是否渗漏、雨雪天库房是否进水等。

④根据危险品领料单所列名称、规格、等级、数量核对实物无误后，按物品出库"先进先出"原则，办理出库手续。

⑤危险品搬运时，严格按照《危险品运输安全规程》执行，搬运现场杜绝明火，操作人员按劳动保护规定着装，工作时必须做到轻拿轻放，严防震动、撞击、摩擦和倾倒。

练习与自测

单选题

1. 货物质量变化的外在因素，可分为（   ）两大类。

A. 货物价格和社会因素　　　　　　B. 自然条件因素和货物化学性质

C. 自然条件因素和社会因素　　　　D. 货物物理性质和社会因素

多选题

2. 下列属于货物质量变化的内在因素的是（   ）。

A. 货物的化学性质　　　　　　　　B. 货物的物理性质

C. 有害气体的影响　　　　　　　　D. 货物的机械性质

判断题

3. "预防为主，防治结合"是货物养护的基本方针。（   ）

A. 正确　　　　　　　　　　　　　B. 错误

填空题

4. 影响库存货物质量的因素很多，主要有两个方面：一是_____，二是_____。

5. 在库货物检验通常分为_____、_____、_____等几个方面。

简答题

6. 请简述货物储存保管的基本要求。

答案

1. C

2. ABD

3. A

4. 货物内在的因素、货物外在的因素

5. 感官检验、理化检验、生物学检验法

6. 货物储存保管的基本要求：

（1）严格验收入库货物

（2）适当安排储存场所

（3）妥善进行堆码苦垫

（4）控制好仓库温湿度

（5）认真对货物进行在库检查

（6）保持好仓库清洁卫生

任务五 商品盘点

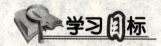 学习目标

◎知识目标

　　了解盘点作业的流程

　　了解盘点的方法和作用

　　掌握盘点单的填写，掌握如何运用信息系统和手持终端对商品进行盘点

◎能力目标

　　能够根据盘点任务指令完成商品的盘点作业

　　能够正确填写盘点单

◎情感、态度、价值观目标

　　培养学生团队合作意识

　　培养学生竞争意识

　　培养学生沟通交流能力

 任务引入

　　北京万盛物流公司对在库货品的盘点采用月盘制度，一般盘点时间为每月的月底。2013年1月28日，仓管员张玉收到盘点任务指令，要对托盘货架区的货品进行盘点。为保证库存数量的准确性，张玉收到一份托盘货架区的账面库存明细。要求张玉作为初盘人员对托盘货架区进行一次盘点，盘点类型为月盘。

　　针对本任务，可参考的库存明细如表2-5-1所示：

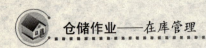

表 2－5－1　　　　　　　　　　库存明细（账面）

库房：海星 1 号　　　　库区：托盘货架区　　　　　　日期：2013 年 1 月 28 日

区编码	储位	条码	货物名称	产品规格	账面数量	单位
托盘货架	A00000	9787883203872	电磁炉	1×1	50	箱
托盘货架	A00001	9787798966879	蒸汽拖把	1×1	16	箱
托盘货架	A00002	—	无	—	—	箱
托盘货架	A00003	—	无	—	—	箱
托盘货架	A00004	—	无	—	—	箱
托盘货架	A00005	—	无	—	—	箱
托盘货架	A00100	9787880622355	酸奶机	1×1	24	箱
托盘货架	A00101	9787799917542	净水器	1×1	20	箱
托盘货架	A00102	9787799912714	咖啡机	1×1	20	箱
托盘货架	A00103	9787799510521	取暖器	1×1	24	箱
托盘货架	A00104	9787799912707	电烤箱	1×1	32	箱
托盘货架	A00105	9787885273156	电炸锅	1×1	28	箱
托盘货架	B00000	9787880457681	文具盒	1×5	20	箱
托盘货架	B00001	9787885163471	削笔器	1×5	20	箱
托盘货架	B00002	9787885160784	剪刀	1×5	20	箱
托盘货架	B00003	9787885160371	胶带	1×5	20	箱
托盘货架	B00004	9787885161057	尺子	1×5	20	箱
托盘货架	B00005	9787885160715	橡皮	1×5	20	箱
托盘货架	C00000	9787799630021	贝壳袖扣	1×5	20	箱
托盘货架	C00001	9787880798180	钢质袖扣	1×5	20	箱
托盘货架	C00002	9787799627281	珐琅质袖扣	1×5	20	箱
托盘货架	C00003	9787512503205	银质袖扣	1×5	20	箱
托盘货架	C00004	9787888382534	玛瑙袖扣	1×5	20	箱
托盘货架	C00005	9787799436845	铜质袖扣	1×5	20	箱
托盘货架	C00100	9787885161033	胶水	1×5	20	箱
托盘货架	C00101	9787885160296	文件收纳	1×5	20	箱
托盘货架	C00102	9787885160746	笔筒	1×5	20	箱
托盘货架	C00103	9787885160203	订书器	1×5	20	箱

续　表

区编码	储位	条码	货物名称	产品规格	账面数量	单位
托盘货架	C00104	9787881012322	笔记本	1×5	20	箱
托盘货架	C00105	9787880975901	计算器	1×5	20	箱
托盘货架	D00000	9787508632018	银质领带夹	1×5	20	箱
托盘货架	D00001	9787505418943	铁质领带夹	1×5	20	箱
托盘货架	D00002	9787300149295	合金领带夹	1×5	20	箱
托盘货架	D00003	9787561345948	自动皮带扣	1×5	20	箱
托盘货架	D00004	9787543057388	针式皮带扣	1×5	20	箱
托盘货架	D00005	9787543064812	手工皮带扣	1×5	20	箱
托盘货架	D00100	9787540453770	水晶袖扣	1×5	20	箱
托盘货架	D00101	9787101084382	宝石袖扣	1×5	20	箱
托盘货架	D00102	9787801653857	钻石袖扣	1×5	20	箱
托盘货架	D00103	9787540453732	合金袖扣	1×5	20	箱
托盘货架	D00104	9787511319661	珍珠袖扣	1×5	20	箱
托盘货架	D00105	9787211064281	镀金领带夹	1×5	20	箱
合　计						箱

根据以上任务，可得出此任务的任务单如表 2-5-2 所示：

表 2-5-2　　　　　　　　　　　　　　任务单

任务名称	完成商品的在库盘点
任务要求	1. 在盘点开始之前做好盘点作业的相关准备工作 2. 运用仓储管理信息系统和手持终端完成商品的盘点作业 3. 掌握盘点单的填写规范
任务成果	1. 货物盘点的准备工作 2. 完成货物的盘点 3. 完成盘点单的填写

任务分析

针对本任务，分析相关内容如下：

表 2 – 5 – 3		准备内容
项　目		准备内容
环境准备	设备/道具	计算机、手持终端、模拟货品
	主要涉及岗位角色	仓管员、信息员
	软件	仓储管理系统
	涉及单据	库存明细、盘点单
制订计划	步骤一	库存冻结
	步骤二	盘点任务
	步骤三	盘点作业
	步骤四	盘点差异调整
	步骤五	库存解冻

一、盘点概念

在仓储作业过程中，商品处于不断地进库和出库，在作业过程中产生的误差经过一段时间的积累会使库存资料反映的数据与实际数量不相符。有些商品因长期存放，使品质下降，不能满足用户需要。为了对库存商品的数量进行有效控制，并查清商品在库房中的质量状况，必须定期对各储存场所进行清点作业，这一过程我们称为盘点作业。

二、盘点作业的目的

1. 确定现存量

盘点可以确定现有库存商品实际库存数量，并通过盈亏调整使库存账面数量与实际库存数量一致。由于多记、误记、漏记，使库存资料记录不实。此外，由于商品损坏、丢失、验收与出货时清点有误；有时盘点方法不当，产生误盘、重盘、漏盘等。为此，必须定期盘点确定库存数量，发现问题并查明原因，及时调整。

2. 确认企业资产的损益

库存商品总金额直接反映企业流动资产的使用情况，库存量过高，流动资金的正常运转将受到威胁，而库存金额又与库存量及其单价成正比，因此为了能准确地计算出企业实际损益，必须通过盘点。

3. 核实商品管理成效

通过盘点可以发现作业与管理中存在的问题，并通过解决问题来改善作业流程和作业方式，提高人员素质和企业的管理水平。

三、盘点作业的内容

1. 查数量

通过点数计算查明商品在库的实际数量，核对库存账面资料与实际库存数量是否一致。

2. 查质量

检查在库商品质量有无变化，有无超过有效期和保质期，有无长期积压等现象，必要时还必须对商品进行技术检查。

3. 查保管条件

检查保管条件是否与各种商品的保管要求相符合。如堆码是否合理稳固，库内温湿度是否符合要求，各类计量器具是否准确等。

4. 查安全

检查各种安全措施和消防设备、器材是否符合安全要求，建筑物和设备是否处于安全状态。

四、盘点原则

进行商品盘点时，应该按照以下原则进行：

（1）真实：要求盘点所有的点数、资料必须是真实的，不允许作弊或弄虚作假，掩盖漏洞和失误。

（2）准确：盘点的过程要求是准确无误，无论是资料的输入、陈列的核查、盘点的点数，都必须准确。

（3）完整：所有盘点过程的流程，包括区域的规划、盘点的原始资料、盘点点数等，都必须完整，不要遗漏区域、遗漏商品。

（4）清楚：盘点过程属于流水作业，不同的人员负责不同的工作，所以所有资料必须清楚，人员的书写必须清楚，货物的整理必须清楚，才能使盘点顺利进行。

（5）团队精神：盘点是全店人员都参加的营运过程。为减少停业的损失，加快盘点的时间，超市各个部门必须有良好的配合协调意识，以大局为重，使整个盘点按计划进行。一般是每月对商品盘点一次，并由盘点小组负责各店铺的盘点工作。

五、盘点作业的程序

盘点作业的程序如图 2-5-1 所示：

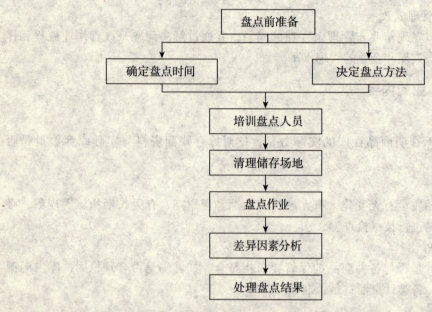

图 2 - 5 - 1   盘点作业程序

1. 盘点前的准备

盘点前的准备工作是否充分，直接关系到盘点作业能否顺利进行，甚至盘点是否成功。盘点的基本要求是必须做到快速准确，为了达到这一基本要求，盘点前的充分准备十分必要，应做的准备工作如下：

（1）确定盘店的具体方法和作业程序。

（2）配合财务会计做好准备。

（3）设计印制盘点用表单，"盘存单"格式可参考下表。

（4）准备盘点用基本工具。

表 2 - 5 - 4   盘存单

盘点日期：   编号：

商品编号	商品名称	存放位置	盘点数量	复查数量	盘点人	复查人
⋮	⋮	⋮	⋮	⋮	⋮	⋮

2. 确定盘点时间

为了保证账物相符，盘点次数越多越好，但盘点需投入的人力、物力、财力都很大，有时大型全面盘点还可能引起生产的暂时停顿。为此，合理的确定盘点时间非常重要。事实上，引起盘点结果盈亏的关键原因在于出入库过程中传票的输入和查点数目的错误，或者出入库搬运形成了商品损失。由此可见，出入库越频繁，引起的误差也会越大。

在确定盘点时间时，要根据仓库周转的速度来确定。如果商品流动速度不快，可以半年至一年进行一次盘点。对于商品流动速度较快的仓库，既要防止长期不盘点造成重大经济损失，又要防止盘点频繁造成同样的经济损失。在实际运行中可以根据商品的不同特性、价值大小、流动速度、重要程度来分别确定不同的盘点时间，盘点时间间隔可以从每天、每周、每月、每年盘点一次不等。例如，对于A、B、C等级的商品，A类商品就需每天或每周盘点一次，B类商品每两周或三周盘点一次，C类一般每月盘点一次。另外必须注意的问题是，每次盘点持续的时间应尽可能短，全面盘点以2~6天内完成为佳，盘点的日期一般会选择在：

（1）财务决算前夕。通过盘点决算损益，以查清财务状况；

（2）淡季进行。因淡季储货较少，业务不太频繁，盘店较为容易，投入资源较少，且人力调动也较为方便。

3. 确定盘点方法

盘点分为账面盘点及现货盘点两种。账面盘点又称为"永续盘点"，就是把每天出入库商品的数量及单价记录在电脑或账簿的存货账卡上，并连续地计算汇总出账面上的库存结余数量及库存金额；现货盘点又称为"实地盘点"或"实盘"，也就是实际去库内查清数量，再依商品单价计算出实际库存金额的方法。

（1）账面盘点法。账面盘点法是将每一种商品分别设立"存货账卡"，然后将每一种商品的出入库数量及有关信息记录在账面上，逐笔汇总出账面库存结余数，这样随时可以从电脑或账册上查悉商品的出入库信息及库存结余量。

（2）现货盘点法。现货盘点法按盘点时间频率的不同又可分为"期末盘点"及"循环盘点"。期末盘点是指在会计计算期末统一清点所有商品数量的方法；循环盘点是指在每天、每周清点一小部分商品，一个循环周期将每种商品至少清点一次的方法。

①期末盘点法

由于期末盘点是将所有商品一次点完，因此工作量大，要求严格。通常采取分区、分组的方式进行，其目的是为了明确责任，防止重复盘点和漏盘。分区即将整个储存区域划分成一个一个的责任区，不同的区由专门的小组负责点数、复核和监督，因此，一个小组通常至少需要三人分别负责清点数量并填写盘存单，复查数量并登记复查结果，第三人核对前两次盘点数量是否一致，对不一致的结果进行检查。等所有盘点结束后，再与电脑或账册上反映的账面数核对。

②循环盘点法

循环盘点通常对价值高或重要的商品检查的次数多，而且监督也严密一些，而对价值低或不太重要的商品盘点的次数可以尽量少，循环盘点一次只对少量商品盘点，所以通常只需保管人员自行对照库存资料进行点数检查，发现问题按盘点程序进行复核，并查明原因，然后调整。也可以采用专门的循环盘点单登记盘点情况。

4. 盘点人员的培训

大规模的全面盘点必须增派人员协助进行，这些人员通常来自管理部门，主要对盘点过程进行监督，并复核盘点结果，因此必须对他们进行熟悉盘点现场及盘点商品的训练；培训的另一个方面是针对所有盘点人员进行盘点方法及盘点作业流程的训练，必须让盘点作业人员对盘点的基本要领、表格、单据的填写十分清楚，盘点工作才能顺利进行。

5. 清理储存场地

盘点现场即储位管理包括的区域。盘点作业开始之前必须对其进行整理，以提高盘点作业的效率和盘点结果的准确性，清理工作主要包括以下几个方面的内容：

（1）盘店前对以验收入库的商品进行整理归入储位，对未验收入库属于供应商的商品，应区分清楚，避免混淆。

（2）盘点场所关闭前，应提前通知，将需要出库的商品提前做好准备；

（3）账卡、单据、资料均应整理后统一结清；

（4）预先鉴别变质、损坏商品。对储存场所堆码的货物进行整理，特别是对散乱货物进行收集与整理，以方便盘点时计数。在此基础上，由商品保管人员进行预盘，以提前发现问题并加以预防。

6. 盘点作业

盘点时可以采用人工抄表计数，也可以用电子盘点计数器。盘点工作不仅工作量大，而且非常烦琐，易疲劳。因此，为保证盘点正确性，除了加强盘点前的培训工作外，盘点作业时的指导与监督也非常重要。

7. 查清盘点差异的原因

盘点会将一段时间以来积累的作业误差，及其他原因引起的账物不符暴露出来，发现账物不符，而且差异超过容许误差时，应立即追查产生差异的原因，这些原因通常可能来自以下一些方面：

（1）计账员素质不高，登录数据时发生错登、漏登等情况；

（2）账物处理系统管理制度和流程不完善，导致数据出错；

（3）盘点时发生漏盘、重盘、错盘现象，盘点结果出现错误；

（4）盘点前数据资料未结清，使账面数不准确；

（5）出入库作业时产生误差；

（6）货物损坏、丢失等原因。

8. 盘点的盈亏处理

查清原因后，为了通过盘点使账面数与实物数保持一致，需要对盘点盈亏和报废品一并进行调整。除了数量上的盈亏，有些商品还将会通过盘点进行价格的调整，这些差异的处理，可以通过填写"商品盘点盈亏调查表"和"商品盈亏价格调查表"，经有关主管审核签认后，登入存货账卡，调查库存账面数量。

步骤一：库存冻结

库存盘点前，需要对库存进行冻结，以保证库存在进行盘点的过程中，不会进行出库、入库的操作，影响盘点效果。

进入到综合业务平台的仓储管理系统中，在左侧任务栏中，选择库存冻结作业，进入到作业列表界面，如图2-5-2所示。

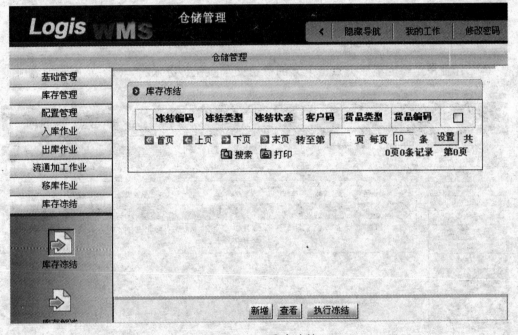

图2-5-2　库存冻结

点击"新增"一个库存冻结的作业任务，在库存冻结界面中，填选"冻结类型"、"客户码"、"库房"、"货物编码"等信息，如图2-5-3所示界面：

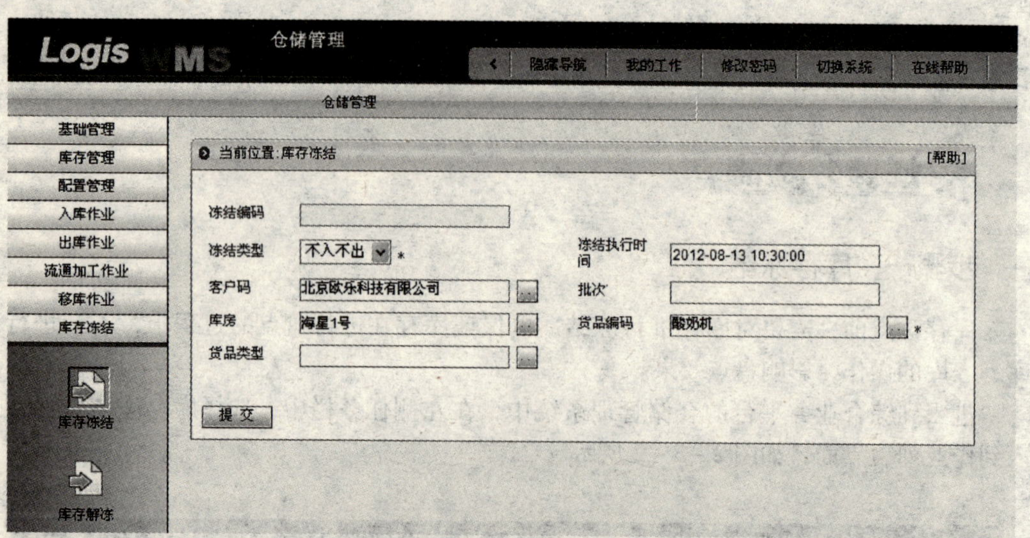

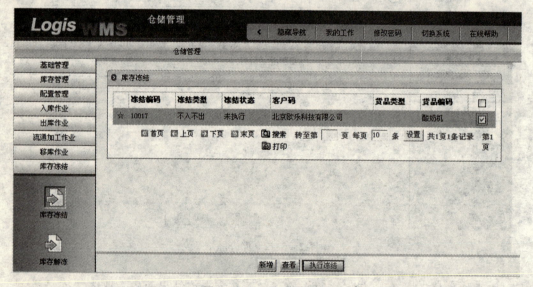

图 2 - 5 - 3　库存冻结表

冻结作业单填写完毕后，点击下方的"提交"按钮，进入图 2 - 5 - 4 所示的界面。

图 2 - 5 - 4　库存冻结表

勾选填写完毕的冻结作业单，点击"执行冻结"按钮，完成冻结库存操作。

经过库存冻结操作后，被冻结货品不可以进行出入库操作，便于后续盘点作业的清点和核对。

步骤二：盘点任务

盘点作业在物流综合物业平台的"仓储管理"系统中，选择左侧任务栏中的"盘点管理"，进入到盘点作业列表中：

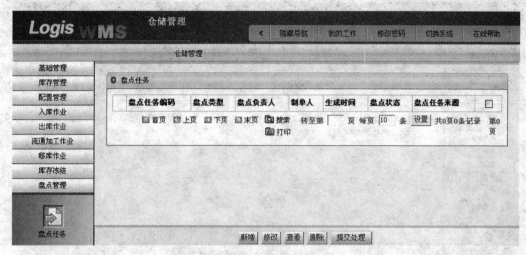

图 2 -5 -5　新增盘点任务

新增一个盘点任务，填写盘点的库房、储位、负责人等信息。根据实训案例要求，选择盘点类型为：按区域盘，具体的信息，如图 2 -5 -6 所示。

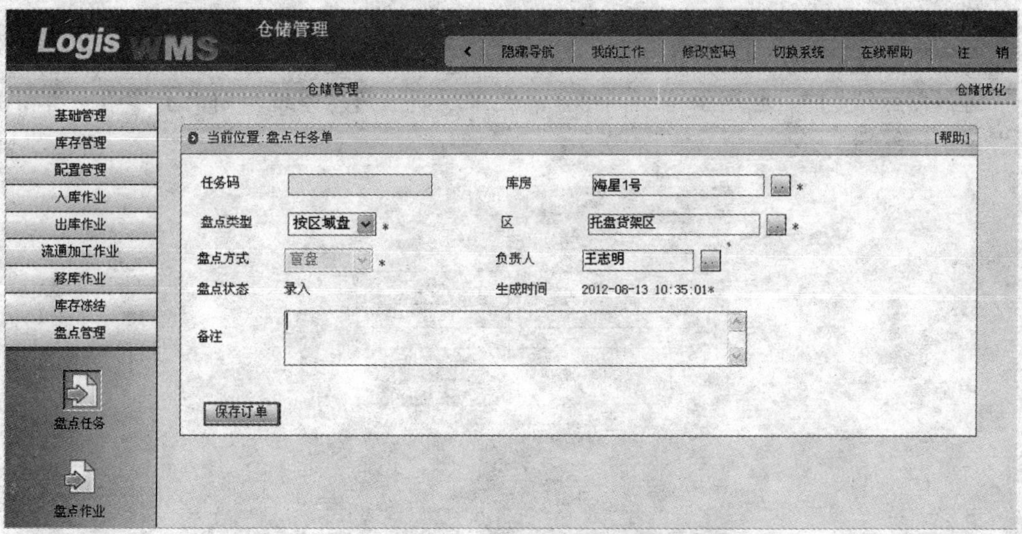

图 2 -5 -6　盘点任务基本信息

其中盘点方式默认为盲盘。所谓盲盘：针对每次盘点，接单人员打印盘点表，不包括产品数量，交给至少两名盘点人员进行盘点，将盘点数量填写在空白处，盘点后由二人共同签字确认数量的盘点方法。

订单填写无误后，点击下方的"保存订单"按钮，进入如图2－5－7所示界面。

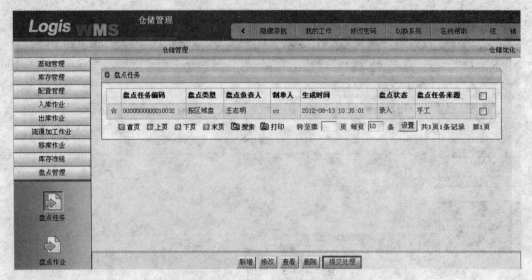

图2－5－7　盘点任务提交处理

勾选该盘点作业单，点击"提交处理"按钮，完成新增盘点任务操作。

步骤三：盘点作业

盘点作业人员到达"托盘货架区"根据盘点任务将该区域的货品清点、记录。

进行盘点作业时，利用手持终端将盘点结果反馈至信息系统。用指定的用户名和密码登录手持终端。

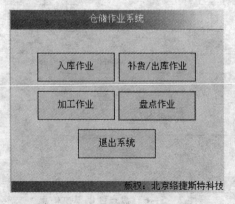

图2－5－8　盘点手持开始页面

点击盘点作业，进入待盘点任务表，如图2－5－9所示界面。

单号	库房	类型	操作
00010032	海星1号	按区域盘	盘点　完成

上页　下页

返回　主菜单　退出系统

图2－5－9　待盘页面

点击待操作任务对应的盘点按钮，进入如图2－5－10所示界面。

当前操作：【托盘货架区】盘点作业	
储位标签	
货品条码	
货品名称	-
规格	-
包装单位	-
实际数量	

无货品　未作业数量：48

返回　主菜单　退出系统

图2－5－10　盘点开始

利用手持终端扫描储位标签，再扫描储位上的货品条码信息。系统会自动显示出该货品的名称、规格等信息，如图2－5－11所示。

当前操作：【托盘货架区】盘点作业	
储位标签	A00100
货品条码	9787880622355
货品名称	酸奶机
规格	1×1
包装单位	箱
实际数量	24

保存　未作业数量：48

返回　主菜单　退出系统

图2－5－11　读取信息

清点货品数量，将库存数量填写到实际数量中，该货品盘点完毕后点击"保存"。在作业界面中，会显示该盘点作业的任务量，每当完成一个储位的货品盘点后，盘点作业量也会相应减少一个。

返回到盘点作业界面，重复上述盘点操作，进行其他货位的盘点。如果在某一个货位上没有任何货品，则扫描该储位标签后，直接点击"无货品"即可，如图 2 – 5 – 12 所示。

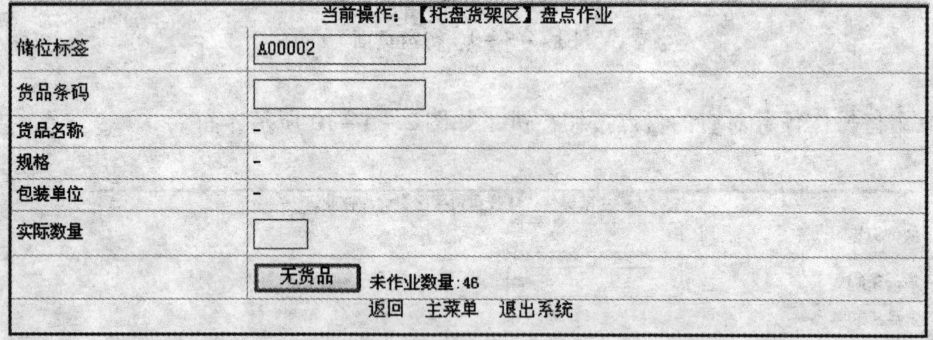

图 2 – 5 – 12　无货品

待该盘点任务全部盘点完成后，手持终端系统会提示无待盘点的货品，如图 2 – 5 – 13 所示。

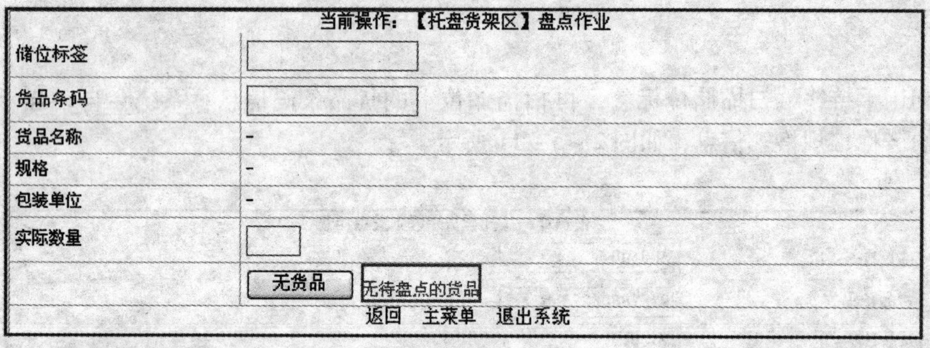

图 2 – 5 – 13　无待盘点的货品

返回到盘点作业界面，先不要点击"完成"按钮。登录到综合业务平台中，进行盘点反馈及盈亏处理。

盘点作业的结果需要反馈到平台系统中。因此，返回到仓储管理系统中，在左侧任务栏中，选择进入"盘点作业"，进入到盘点作业列表，如图 2 – 5 – 14 所示。

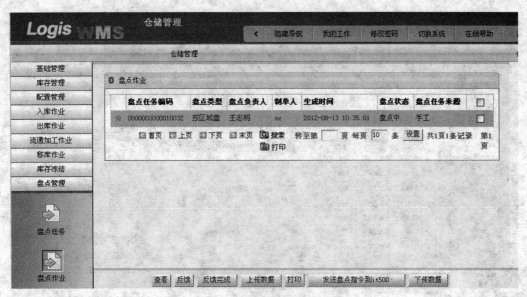

图 2 - 5 - 14　盘点作业反馈

点击作业列表下方的"反馈"按钮，进入如图 2 - 5 - 15 所示界面。

图 2 - 5 - 15　盘点单

根据手持终端盘点的实盘结果，将实盘的正品、次品数量信息，录入"实际正品量"与"实际次品量"列表中，如图 2 - 5 - 16 所示。

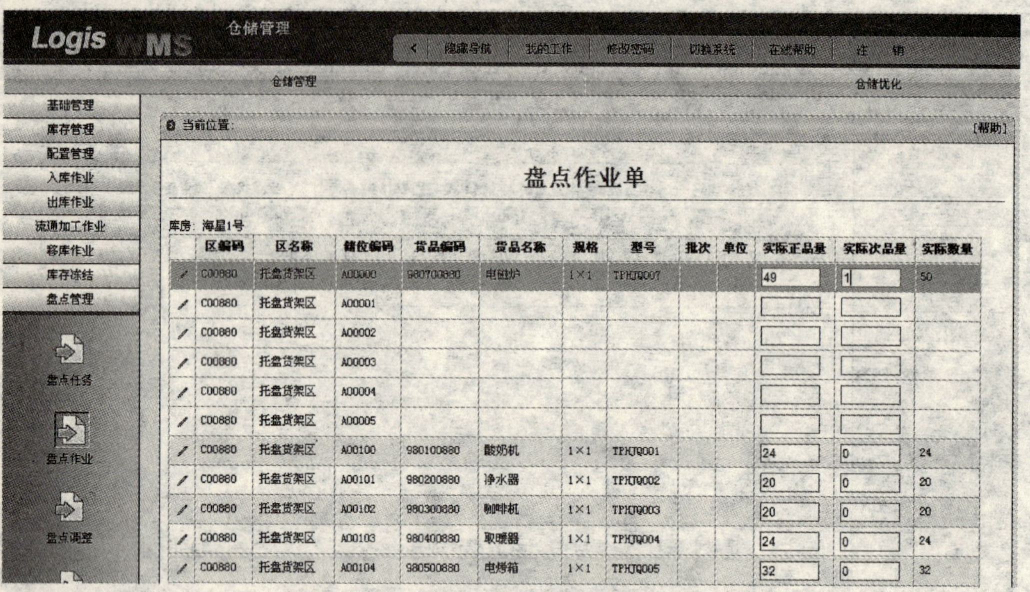

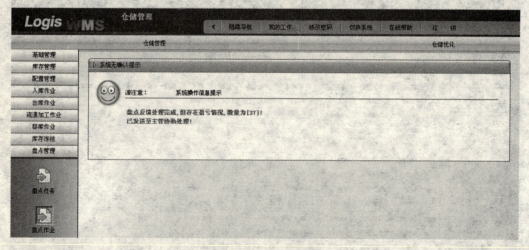

图 2 - 5 - 16 盘点单录入

实盘数据反馈完毕后，点击"反馈完成"按钮。

图 2 - 5 - 17 反馈完成

步骤四：盘点差异调节

根据本任务步骤四中系统操作信息提示的盘点结果反馈进行盘点差异调整。进入"仓储管理"—"盘点管理"—"盘点调整"，如图 2 - 5 - 18 所示。

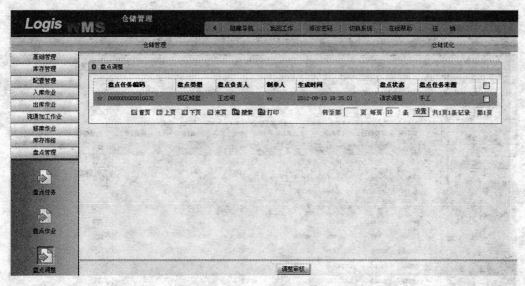

图 2 – 5 – 18　调整审核

点击调整审核按钮。

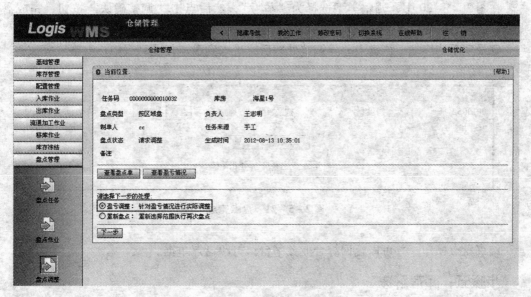

图 2 – 5 – 19　盈亏调整

根据任务规定的盘点差异处理办法为：根据实盘数量对系统库存进行盈亏调整。因此，在图中，选择盈亏调整选项，然后点击"下一步"按钮，进入如图 2 – 5 – 20 所示界面。

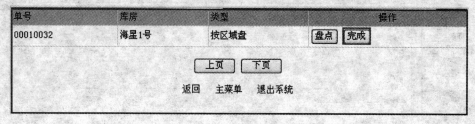

图 2－5－20　调整确认

在图 2－5－20 中，调整类型选择为"盈亏"，然后点击"调整确认"按钮，完成盘点差异调整。

登录到手持终端，待盘点差异调整处理后，进入到盘点作业列表中，点击"完成"。

单号	库房	类型	操作
00010032	海星1号	按区域盘	盘点　完成

上页　下页

返回　主菜单　退出系统

图 2－5－21　盘点完成

结束盘点操作。并可以返回综合业务平台，打印盘点单据。

步骤五：库存解冻

点击"仓储管理"—"库存冻结"—"库存解冻"，进入图 2－5－22 所示界面。

在图 2－5－22 中，勾选货品编码为微波炉的记录，然后点击下方的"解冻"按钮，完成库存解冻操作。

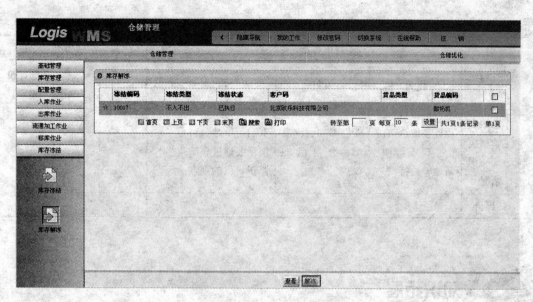

图2－5－22　库存冻结表

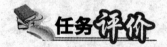

表2－5－5　　　　　　　　　　　　考核评价

班级			姓名		小组			
任务名称								
考核内容		评价标准			参考分值	考核得分		
		优秀	良好	合格		自评（10%）	互评（30%）	教师评价（60%）
1	活动参与情况	积极观摩模仿，及时按任务要求做，认真分析总结	按时完成任务要求 积极观摩模仿	能够参加任务活动 认真观察思考	20			
2	技能掌握情况	能掌握盘点作业的操作流程； 能够完成盘点作业的各项准备工作； 能够对盘点差异进行调整	能够完成盘点作业的各项准备工作； 能够对盘点差异进行调整	能够完成盘点作业的各项准备工作	40			

续 表

考核内容		评价标准			参考分值	考核得分		
		优秀	良好	合格		自评（10%）	互评（30%）	教师评价（60%）
3	总结归纳相应知识情况	积极参加总结讨论，观点鲜明、新颖、独特	能够参加讨论总结，有自己的观点	有自己的见解；但需要通过总结修正自己的观点	40			
总体评价					总分			

一、盘点目的

仓库在营运过程中存在各种损耗，有的损耗是可以看见和控制的，但有的损耗是难以统计和计算的，如偷盗、账面错误等。因此需要通过年度盘点来得知仓库的盈亏状况。

通过盘点，一来可以控制存货，以指导日常经营业务；二来能够及时掌握损益情况，以便真实地把握经营绩效，并尽早采取防漏措施。

具体来说，盘点可以达到如下目标：

（1）店铺在本盘点周期内的亏盈状况。

（2）仓库最准确的目前的库存金额，将所有商品的电脑库存数据恢复正确。

（3）得知损耗较大的营运部门、商品大组以及个别单品，以便在下一个营运年度加强管理，控制损耗。

（4）发掘并清除滞销品、临近过期商品，整理环境，清除死角。

二、盘点定义

盘点方式通常有两种：一是定期盘点，即仓库的全面盘点，是指在一定时间内，一般是每季度、每半年或年终财务结算前进行一次全面的盘点，由货主派人会同仓库保管员、商品会计一起进行盘点对账；二是临时盘点，即当仓库发生货物损失事故，或保管员更换，或仓库与货主认为有必要盘点对账时，组织一次局部性或全面性的盘点。

主要包括以下几个方面：

（1）数量盘点。

（2）重量盘点。

（3）货与账核对。

（4）账与账核对。

三、盘点方式

盘点工作在制造型或流通型企业里随处可见，因为料账合一是企业进行管理工作的最基本条件。依照进行的目的及方式不同，它被分为以下几种：

（1）抽样盘点：由审查单位或其他管理单位所发起的突击性质的盘点，目的在对仓储管理单位是否落实管理工作进行审核。抽样盘点可针对仓库、料件属性、仓库管理员等不同方向进行。

（2）临时盘点：因为特定目的对特定料件进行的盘点等。

（3）年终（中）盘点：定期举行大规模、全面性的盘点工作，根据相关的规定，一般企业每年年终应该实施全面的盘点，上市公司部分在年中还要实施一次全面的盘点。

（4）循环盘点：采用信息化管理的企业，为了确保料账随时一致，将料件依照重要性区分成不同等级后赋予不同循环盘点码，再运用信息工具进行周期性的循环盘点。

盘点流程。盘点流程大致可分为三个部分，即盘前准备，盘点过程及盘后工作。详细资料可参考夏浪百科之盘点知识。

四、盘点步骤

（1）召开盘点准备会议（确定盘点范围、盘点时间、盘点人员等）。

（2）领取"盘点卡"并发放至各盘点单位，做好流水号的登记工作。

（3）现场整理与标识，按照物料的摆放顺序进行清点。

（4）贴"盘点卡"，正确、工整填写物料编码、物料名称、盘点数量、盘点人、确认人。贴完"盘点卡"需巡查现场是否有遗漏或重复现象。

（5）财务部组织职员级及以上人员进行复盘，复盘人在"盘点卡"上填写实盘数并签名，同时将抽查结果登记在"财务部复盘登记表"上，根据登记情况判定各盘点单位的结果的准确性，如不合格，须重盘。

（6）撕下"盘点卡"第一联，按流水号整理好，以防漏号。

（7）财务复盘人员对拆分及汇总结果进行核实。

（8）制造部撕下盘点票第二联，并保存一个月。

（9）财务召开盘点总结会议，宣布盘点结果。

五、盘点注意事项

1."盘点卡"填写的注意事项

（1）所有盘点范围内的物料都必须填写"盘点卡"；

（2）填写盘点日期：在"盘点日期"栏，填写盘点日期；

（3）必填的内容：部门、班组、计量单位、物料名称、物料编码；

（4）盘点数量书写清楚、规范，易于辨别，注意小数点的书写；

（5）当盘点数量由几个数字相加计算取得时，要将当处的数据组成描述清楚，并写在"盘点卡"中间的空白处，如：20 箱 × 25 个/箱 + 15 个 = 515 个，15 层 × 20 把/层 × 25 条/把 = 7500 条；

（6）"盘点人"处签名时，可以用"工号"代替，以减少书写的工作量。

2. "盘点卡"的领用和上交的注意事项

（1）各盘点单位根据实际物料种类估计所需盘点卡、红票数量；

（2）"盘点卡"每本 50 份，各部领用时按盘点单位划分，即不能将一本盘点卡分散用在几个盘点单位；

（3）财务部打印"盘点卡"领用表时给每本"盘点卡"编号；

（4）盘点完毕，收集盘点卡"统计联"进行汇总；

（5）整理盘点卡时，将作废的和未使用的盘点卡两联一起按顺序号排列其中；

（6）每本按领用表上的号码编号，按每本的顺序号排列好上交财务部。

3. 实物的整理分类和贴盘点卡

（1）不同种类的材料、产成品不可混淆堆放；不同种类的材料、产成品不能写在同一张盘点卡上；

（2）相同的材料、产成品堆放在一起时，可以只贴一张盘点卡；

（3）相同种类的材料、产成品堆放在几处时，要按各处的实存数量分别贴盘点卡；

（4）不同种类的材料、产成品放在一处时，要散开、区分堆放并分别贴盘点卡；

（5）尽量将零散的材料、产成品整理成数量一致的整箱、整袋、整捆、整把、整排等比较规则的单位，以便于财务复盘；

（6）当月盘点时，不在盘点范围内的客供料、呆滞品、样品料、下月物料、已报废品、采购待退物料等必须与需盘点的物料区分堆放，贴上《红票》，财务复查时以单据为凭证，确认《红票》的标识无误，并在《红票》上签名确认；

（7）盘点的物料必须整理后放在易于看见的位置，不可放在偏僻、不易看见的地方；

（8）"盘点卡"要贴在显眼的位置，并且从整体上保持一致。

4. 盘点卡的贴法

（1）贴在纸箱上：用小订书机将标点票的左上角或正上方钉在纸箱上，撕第一联时，轻轻撕过订书机针的位置，保持盘点卡不撕损。绝不能钉在右上角（即盘点卡流水号位置），以免破坏盘点卡号码（如装吸塑罩、胶袋的纸箱）；

（2）用胶水粘在纸箱上；

（3）贴在胶筐上：用胶水粘在胶筐上（如装卡牌的胶筐）；

（4）贴在胶袋上：用胶水或双面胶粘在胶袋上（如装胶料的胶袋）；

（5）贴在半成品上：用双面胶粘在包装膜上（如成把的线材、铁轴半成品等）；

（6）当盘点卡第一联与第二联散开时，将两张上下交错一点，用双面从背后粘在一起，撕下双面胶的另一面隔胶纸，粘在盘点物品上。

5. 盘点后数据的统计汇总

（1）PMC 原材料仓、成品仓："盘点卡"→《盘点表》→《盘点汇总表》；

（2）在上交财务部的《盘点表》上要显示"盘点卡"流水号；《盘点汇总表》为根据《盘点表》汇总而来的电脑整理资料；

（3）车间："盘点卡"→《实存数计算表》→《盘点汇总表》。《实存数计算表》为统计车间半成品数量用的报表，不体现每张"盘点卡"流水号，但是要在表头显示整本"盘点卡"的编号；

（4）将"盘点卡"的数据录入《实存数计算表》，根据 BOM 用量进行拆分及汇总；

（5）部门制作盘点汇总表，理论数与实际数之间的差异率大于 1%时，要对实物进行复核确认并分析差异原因。

$$盘点差异率 =（实际数 - 理论数）／理论数 \times 100\%$$

盘点记账方法：

计算理论库存数 = 上月末库存 + 本月入库 - 本月出库 - 本月退库 - 本月报废

6. 财务部组织的复盘

（1）财务部复盘人员由财务部成员和主管及以上级别人员组成；

（2）复盘时首先检查全场是否全贴上盘点卡，或者贴上了《红票》，防止漏盘；

（3）根据复盘比例进行复盘：产成品、铜丝、线材、胶料为 100%，五金插件、电子元件为 50%，包装物、辅料为 30%；

（4）将复盘中发现的问题点登记在《财务复盘登记表》上；

（5）将分部盘点实际操作时间登记在《分部盘点时间表》，如发现实际操作时间与盘点安排时间差异较大时，要追查延误盘点的原因，并及时与分部负责人联系，解决问题，使盘点工作得以顺利进行。

练习与自测

单选题

1. 下列（　　　）不属于盘点作业的目的。

A. 确定现存量　　　　　　　　B. 确认企业资产的损益

C. 核实商品管理成效　　　　　D. 对货物进行出库检验

多选题

2. 盘点作业的内容包括（　　　）。

A. 查数量　　　　　　　　　　B. 查质量

C. 查保管条件　　　　　　　　D. 查安全

判断题

3. 盘点可以确定现有库存商品实际库存数量，并通过盈亏调整使库存账面数量与实际库存数量一致。（　　　）

A. 正确　　　　　　　B. 错误

填空题

4. 盘点分为_____盘点及_____盘点两种。

5. _____又称为"实地盘点"或"实盘"，也就是实际去库内查清数量，再依商品单价计算出实际库存金额的方法。

简答题

6. 请简述盘点作业的程序。

答案

1. D

2. ABCD

3. A

4. 账面、现货

5. 现货盘点

6. （1）盘点前的准备

（2）确定盘点时间

（3）确定盘点方法

（4）盘点人员的培训

（5）清理储存场地

（6）盘点作业

（7）查清盘点差异的原因

（8）盘点的盈亏处理

参考文献

［1］真虹，张婕姝．物流企业仓储管理与实务［M］．北京：中国物资出版社，2003．

［2］陈华，杨自辉．仓储管理实务［M］．湖南：湖南人民出版社，2007．

［3］李永生，郑文岭．仓储与配送管理［M］．北京：机械工业出版社，2008．

［4］王之泰．现代物流学［M］．北京：中国物资出版社，1995．

［5］宋玉．仓储实务［M］．北京：对外经济贸易大学出版社，2005．

［6］徐杰，田源．采购与仓储管理［M］．北京：清华大学出版社，2004．

［7］王蓓彬．现代仓储管理［M］．北京：人民交通出版社，2003．

［8］梁军．仓储管理实务［M］．北京：高等教育出版社，2003．

［9］郑克俊，俞仲文，陈代芬．仓储与配送管理［M］．北京：科学出版社，2005．

［10］周万森．仓储配送管理［M］．北京：北京大学出版社，2005．

［11］中华人民共和国劳动和社会保障部．物流师［M］．北京：中国劳动和社会保障出版社，2004．

［12］王勇．5S管理与仓储管理精细化［J］．中国储运，2009（2）．

［13］张晓平，华希勤，王振荣．关于仓储流程管理的思考［J］．梅山科技，2006（3）．

［14］窦志铭．物流商品养护［M］．北京：人民交通出版社，2001．

［15］熊伟，霍佳震．采购与仓储管理［M］．北京：高等教育出版社，2006．

［16］邬星根．仓储与配送管理［M］．上海：复旦大学出版社，2005．

［17］张晓川．现代仓储物流技术与装备［M］．北京：化学工业出版社，2003．

［18］姜超峰．仓储管理与技术应用前景［J］．中国储运，2009（1）．

［19］董良．自动化立体仓库设计［M］．北京：机械工业出版社，2004．

［20］姜大立，姜玉宏．物流仓储与配送管理实训［M］．北京：中国劳动社会保障出版社，2006．

［21］刘毅．仓储作业实务［M］．北京：机械工业出版社，2006．

［22］周全申．现代物流技术与装备实务［M］．北京：中国物资出版社，2002．

［23］丁立言．物流基础［M］．北京：清华大学出版社，2003．

［24］茅宁．现代物流管理概论［M］．南京：南京大学出版社，2004．

［25］鲁晓春．仓储自动化［M］．北京：清华大学出版社，2002．

[26] 尹尚国. 仓储物流管理系统的货位优化模型的研究与实现 ［D］. 哈尔滨：哈尔滨工业大学，2006.

[27] 邓爱民. 物流设备与运用 ［M］. 北京：人民交通出版社，2003.

[28] 王蓓彬. 现代仓储管理 ［M］. 北京：人民交通出版社，2003.

[29] 杨鹏强. 构建快速高效的物流流程单证体系 ［J］. 物流技术，2005（10）.

[30] 陈远高，郭燕翔. 物流运营管理 ［M］. 北京：中国物资出版社，2009.

[31] 王晨光. 顾问 ERP ［M］. 北京：电子工业出版社，2009.

[32] 吕春华. 商业企业如何做好订单管理工作 ［J］. 企业采购，2006.

[33] 王文信. 仓储管理 ［M］. 福建：厦门大学出版社，2009.

[34] 李洪奎. 仓储管理 ［M］. 北京：机械工业出版社，2007.

[35] 陈建平. 仓储设备使用与维护 ［M］. 北京：机械工业出版社，2011.

[36] 田奇. 仓储物流机械与设备 ［M］. 北京：机械工业出版社，2008.

[37] 徐玲玲，刘莉. 仓储技术 ［M］. 北京：中国财富出版社，2010.

[38] 万玉成，胡勇，徐启丰. 基于模糊物元分析的航材仓库选址决策 ［J］. 价值工程，2008，27（1）.

[39] 李波，张仁颐，齐琪. 优衣库电子商务选址研究 ［J］. 物流科技，2011（1）.

[40] 王建，张文杰，孟仲伟. 电力企业备件仓库选址模型研究 ［J］. 北京交通大学学报：社会科学版，2005（2）.

[41] 孙朝苑. 企业物流规划与管理 ［M］. 成都：西南交通大学出版社，2008.

[42] 窦志铭. 物流学 ［M］. 北京：中国人事出版社，2004.

[43] 张瑞君. 会计信息系统 ［M］. 北京：高等教育出版社，2008.

[44] 董春游，杨鉴松. 会计电算化信息系统 ［M］. 北京：中国矿业大学出版社，2001.

[45] 赵家俊. 仓储与配送管理 ［M］. 北京：科学出版社，2009.